Dr. med. vet. Helmut Ende · Erste Hilfe für das Pferd

Titelfoto: Sabine Stuewer

Zeichnungen: Bettina Kuhk

Eine Haftung des Autors oder des Verlages und seiner Beauftragten für Personen-, Sach- und Vermögensschäden ist ausgeschlossen

ISBN 3-275-01034-4

Copyright © 1992 by Müller Rüschlikon Verlags AG, Gewerbestr. 10, CH-6330 Cham

3. Auflage 1997

Satz: Franz X. Stückle, Druck und Verlag, D-77955 Ettenheim
Druck: Rung-Druck, D-73033 Göppingen
Bindung: Karl Dieringer, D-70839 Gerlingen

Printed in Germany

Dr. med. vet. Helmut Ende

Erste Hilfe für das Pferd

Was ist zu tun bei Krankheiten, Unfällen und Verhaltensstörungen

Zeichnungen von Bettina Kuhk

Müller
Rüschlikon

Inhalt

Vorwort

Schnelles und richtiges Handeln in einer Notsituation hat schon manchem Pferd das Leben gerettet. Häufig fehlen jedoch die notwendigen Kenntnisse, um richtig handeln zu können. Dieses Buch will durch schnelle, übersichtliche Informationen und viele Zeichnungen helfen, Pferdeleben zu retten.

Wie von seinem Thema her vorgegeben, konzentriert sich dieses Buch auf Notfälle. Auf Krankheitsverläufe wird es nur soweit eingehen, wie das unbedingt nötig ist. Wer sich ausführlicher informieren will, sollte in den Büchern »Die Stallapotheke« und »Was fehlt meinem Pferd?« desselben Autors Rat suchen. »Erste Hilfe für mein Pferd« ist als hilfreiche Ergänzung zu diesen beiden Büchern gedacht – was Überschneidungen nicht ganz ausschließt.

Die richtige Erste-Hilfe-Leistung setzt gewisse Fertigkeiten im Umgang mit Pferden voraus, z. B. das sachgemäße Aufheben einer Gliedmaße. Diese als selbstverständlich erscheinende Maßnahme bereitet in Notsituationen Probleme, da das Pferd erregt ist und Schmerzen hat. Auch hier will dieses Buch helfen.

Viele Nichtmediziner geraten beim Anblick von Blut an einem Pferd in Panik und sind dann nicht mehr in der Lage, die richtigen Maßnahmen zu ergreifen. Wer sich freilich gezielt – beispielsweise durch Informationen aus diesem Buch – auf derartige Situationen vorbereitet, kann im Notfall richtig handeln.

Vielen Notfällen und Erkrankungen kann man vorbeugen. Auch hier gibt dieses Buch wertvolle Anregungen. Es sollte darum nicht erst zu Rate gezogen werden, wenn das Pferd bereits erkrankt ist. Wie man Fehler bei der Unterbringung, Fütterung und Bewegung vermeidet – damit beschäftigt sich dieses Buch.

Entscheidungen, manchmal auch schnelle Entscheidungen sind beim Pferdekauf angesagt. Ähnliches gilt für die Untugenden des Pferdes. Eine Reihe von Kapiteln sorgt für übersichtliche Information zu diesen Themenfeldern.

Der Verlag

Ist mein Pferd gesund?

Merkmale des gesunden Pferdes

Es ist selbstverständlich, daß wir nur ein gesundes Pferd reiten. Für die Gesundheit des Pferdes gibt es verschiedene Merkmale, die sich ohne großen Aufwand im Stall und zwar täglich vor dem Reiten überprüfen lassen:

1. Pulsfrequenz in Ruhe: cirka 36 bis 40 Pulsschläge pro Minute
2. Atemfrequenz in Ruhe: cirka 12 Atemzüge pro Minute
3. Körpertemperatur: 37,0° bis 38,3° Celsius. Die Körpertemperatur wird ermittelt durch ein geeignetes Thermometer, das drei Minuten im After verbleiben muß. Das soll täglich und möglichst um die gleiche Zeit geschehen. Die Temperatur ist morgens etwas niedriger, abends etwas höher.
4. Futteraufnahme: Das Pferd soll sich gierig auf das Kraftfutter stürzen, es direkt und vollständig auffressen.
5. Fell: Das Fell soll glänzen und anliegen. Ein aufgestelltes Fell ist meist ein Krankheitsanzeichen und nur selten ein Hinweis auf Kälte.
6. Gliedmaßen: Die Vorderbeine sollen täglich einmal abgetastet werden, um Schwellungen, Schmerzen, vermehrte Wärme usw. feststellen zu können. Am besten geschieht das ein paar Stunden nach einer Anstrengung, weil dann Entzündungserscheinungen am deutlichsten sind.
7. Schleimhäute: Maul- und Augenschleimhäute sind leicht zu beurteilen. Sie sollten blaßrosa gefärbt sein. Schwere innere Erkrankungen werden durch abweichende Schleimhautfarben charakterisiert. Wer sich täglich die Schleimhäute seines Pferdes ansieht, vermag die gesunde, leicht rosarote Farbe zu erkennen.

Zum Puls: Die Pulswerte werden bei steigender Kondition in Ruhe und bei Anstrengung niedriger. Ein erhöhter Puls und verlängerte Beruhigungswerte weisen auf Krankheit oder Überforderung hin.

Der Puls muß zehn Minuten nach Anstrengungen Werte unter 72 erreicht haben.

Zur Atemfrequenz: Im Verlauf des Trainings verändern sich die Werte. Die Atemfrequenz ist in der Ruhe niedriger als bei Belastung – wie beim Menschen. Erhöhte Atemwerte in der Ruhe können ihre Ursache in der Nervosität des Pferdes, in hohen Außentemperaturen oder in einer Erkrankung der Atemwege haben. Beruhigt sich die Atmung nach einer größeren Anstrengung nicht innerhalb von zehn Minuten auf Werte unter 72, dann ist das Pferd überfordert worden oder krank.

Zum Fell und zur Haut: Der Pferdekenner kann schon an der äußeren Haut ablesen, ob ein Pferd gesund ist oder an einer verborgenen Krankheit leidet. Die gesunde Pferdehaut ist weich, geschmeidig und fühlt sich ein wenig fettig oder ölig an. Beim kranken Pferd verschwindet die ölige Feuchtigkeit schnell. Die Haut trocknet aus, ist hart und spröde. Sie scheint am Körper festzukleben. Beim gesunden Pferd liegt das Haar glatt an und glänzt, beim kranken Pferd ist es struppig und stumpf.

Aus optischen Gründen, um ein kurzes, glänzendes Fell zu erhalten, werden häufig Decken aufgelegt. Wo die Decke das Pferd berührt, ist das Haarkleid nur schlecht zu beurteilen. Bei der Beurteilung des Felles konzentriere man sich darum auf die Stellen, die nicht eingedeckt werden, auf den Halsbereich etwa.

Bei übertrainierten Pferden richten sich die Haare oft auf. Das wohlgenährte, gesunde Pferd weist die sogenannten Haferflecke auf. Es sind dies große, runde, glänzende Stellen im Fell. Der Pferdekenner wird diese nicht immer mit reiner Freude betrachten. Er weiß, daß gerade beim jungen Pferd, bis zum vierten Lebensjahr, eine Körperverfettung ungesund ist. Damit Pferde bei Auktionen schön glänzen, werden sie mit entsprechend großen Haferrationen versorgt. Zuviel Hafer im Gesamtfutter schafft jedoch ein ungünstiges Kalzium-Phosphor-Verhältnis. Dadurch sind Knochen und Sehnen weniger kräftig und es kann später zu Lahmheiten kommen. Der in der Jugend noch schwungvolle, elastische Bewegungsablauf wird dann später stumpf und holprig.

Also: Zu fett aufgezogene Pferde haben wenig Aussichten, zu echten Leistungspferden zu werden.

10

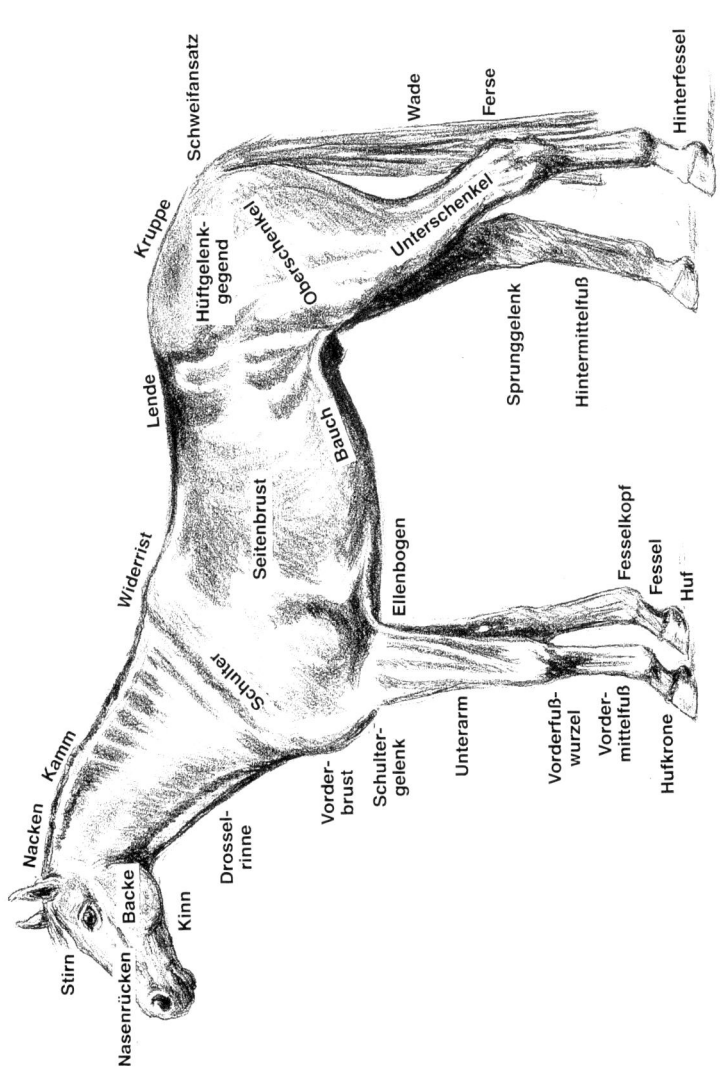

Das Pferd

Merkmale des kranken Pferdes

Jeder, der mit Pferden umgeht oder für sie verantwortlich ist – und sei es für eine Stunde als Schulpferdereiter –, sollte in der Lage sein, Krankheitsanzeichen bereits äußerlich zu erkennen.

Infektionen der oberen Luftwege machen sich durch Nasenausfluß bemerkbar. Wird einer solchen Erkrankung nicht gleich nachgegangen, dann kann sich die Infektion auf die unteren Luftwege ausbreiten. Das kann lebensgefährliche Folgen haben, z. B. Lungenentzündung oder Dämpfigkeit.

Einseitiger, meist gelblicher, fester Nasenausfluß kommt aus einer Höhle im Kopfbereich. Der Tierarzt wird eine Luftsacksüpülung vornehmen oder eine Kieferhöhle öffnen. Wenn der Eiter besonders übel stinkt und noch Futterreste in der Krippe zu finden sind, dann muß mit einem Zahnbruch gerechnet werden. Die sehr tief reichenden Zahnwurzeln müssen in Vollnarkose herausoperiert werden.

Ein Pferd, das sein Futter verweigert, leidet oft unter einer fiebrigen Erkrankung. Die Normaltemperatur liegt morgens bei 37° C. Abends darf sie bis auf 38,3° C erhöht sein. Bis zu einer Stunde nach der Arbeit hat ein schwitzendes Pferd eine Temperatur um 39° C, in Ausnahmefällen sogar um 40° C. Diese Schwankungen sind beim Fiebermessen zu berücksichtigen. Ein fieberndes Pferd hat mehr Durst als gewöhnlich. Trinkt es vor dem Fiebermessen freilich einen Eimer kaltes Wasser, dann wird die Temperatur ca. eine Stunde lang verfälscht.

Bei Fieber muß der Tierarzt geholt werden! Das Pferd darf unter keinen Umständen arbeiten!

Eine Pferdekolik kann sehr unangenehm verlaufen. Anzeichen für eine Kolik sind: Das Pferd scharrt, schaut sich nach seinem Leib um und bekommt in sehr schweren Fällen Schweißausbrüche und Tobsuchtsanfälle. Der Tierarzt muß sofort benachrichtigt werden. Wir führen das Pferd bis zum Eintreffen des Tierarztes. Aber: Nicht im Trab longieren etc.! Eventuell können wir dem Pferd durch kräftiges Massieren der Flanken mit Strohwischen vorübergehend Linderung verschaffen.

Zeigt ein Pferd eine Lahmheit, dann sollten wir zuerst das betreffende Bein aufheben und den Huf untersuchen. Die häufigste Lahmheitsursache sind Hufgeschwüre. Sie rühren meist von mangelhafter Hufpflege her. Der Fachmann erkennt ein Hufgeschwür an den pulsierenden Arterien an der Außen- und Innenseite des Fesselkopfes. Ein heißer Huf und eine schmerzende Stelle beim Beklopfen des Hufs erleichtern die Diagnose.

Lahmt ein Pferd auf beiden Vorderbeinen, und stellen wir sowohl vermehrte Wärme in den Hufen als auch eine starke Pulsation der Fußarterie fest, dann deutet das auf eine Hufrehe hin. Ist diese dadurch entstanden, daß das Pferd zuvor auf hartem Boden geritten worden ist, dann kann die Lahmheit durch Umwickeln der Vorderbeine mit Tüchern und stündliches Angießen schnell geheilt werden. Bei jeder anders verursachten Hufrehe muß der Tierarzt sofort benachrichtigt werden. Ursache für eine Lahmheit können auch eingetretene Steine oder ein Nagel sein. Daher sollte man bei jeder Lahmheit, die plötzlich und nur auf einem Bein auftritt, als erstes die Hufsohle gründlich untersuchen.

Wochenlang bestehende, wechselnd und undeutlich auftretende Lahmheiten haben ihre Ursache meist in chronischen Schäden von Gelenken und Sehnen. Eine genaue Diagnose kann nur der Tierarzt stellen aufgrund von Röntgenaufnahmen, Ultraschalluntersuchungen und weiteren Maßnahmen.

Wenn eine Lahmheit plötzlich nach einem Rumpler oder einem Umknicken auf unebenem Boden entsteht, kann es sich in günstigen Fällen um ein einfaches Vertreten handeln. Die Lahmheit verschwindet in wenigen Stunden wieder. Manche Lahmheiten können anfangs so stark ausgeprägt sein, daß man zunächst glaubt, mit einem Knochenbruch rechnen zu müssen. Ist jedoch nur ein Nerv eingeklemmt oder ein Bluterguß an einer empfindlichen Stelle entstanden, dann kann die Lahmheit schon am nächsten Tag völlig verschwunden sein. Oft ist es auch dem erfahrenen Tierarzt nicht möglich, bei einer starken, hochakuten Lahmheit sofort die richtige Diagnose zu finden. Dann muß ein Tag abgewartet werden, bis die schlimmsten Schmerzanzeichen vorüber sind.

Sind bei einer Stute der Schweif oder die Schenkelinnenseiten der Hinterbeine verklebt, dann müssen wir auf Ausfluß aus der Scheide achten. Dieser kann ein Hinweis auf eine Rosse aber auch auf entzündliche Veränderungen in der Scheide oder der

Gebärmutter sein. Letztere müssen vom Tierarzt behandelt werden.

Hautverletzungen können sowohl harmlos als auch gefährlich sein. Winzige Abschürfungen am Rumpf, die nicht geschwollen oder mit einem Antibiotikum-Spray behandelt worden sind, können als harmlos angesehen werden. Ernst nehmen müssen wir Verletzungen in der Sattellage mit Druckschmerz. Bis zur völligen Abheilung darf kein Sattel aufgelegt werden. Im Zusammenhang mit Wunden ist übrigens darauf zu achten, daß das Pferd eine Tetanusimpfung hat, da es für Wundstarrkrampf besonders anfällig ist. Alle Personen, die Umgang mit Pferden haben, sollten ebenfalls tetanusgeimpft sein.

Die Grundimpfung gegen Tetanus wird zweimal im Abstand von vier Wochen und dann jährlich einmal – zusammen mit der Hustenimpfung – durchgeführt. Wenn die Tetanusimpfung dann zwei Jahre lang so regelmäßig vorgenommen wird, genügen weitere Impfungen in Abständen von zwei Jahren.

Fiebermessen

Maßnahme I: Binden Sie ein Band ans Fieberthermometer und befestigen Sie an dessen Ende eine Wäscheklammer. Machen Sie es etwas mit Butter oder Speichel rutschig. Dann läßt es sich besser einführen.

Maßnahme II: Stellen Sie sich seitlich neben die Hinterbeine des Pferdes.

Maßnahme III: Heben Sie den Pferdeschweif möglichst senkrecht hoch.

Maßnahme IV: Führen Sie das Thermometer möglichst vollständig in den After ein.

Maßnahme V : Die Wäscheklammer wird am Schweif festgeklemmt, damit das Thermometer nicht herausgepreßt werden kann. Morgens ist die normale Körpertemperatur immer etwas niedriger als abends. Sie steigt von etwa 37° C im Verlaufe des Tages auf etwa 38,3° C an (S. Kapitel »Merkmale des gesunden Pferdes«).

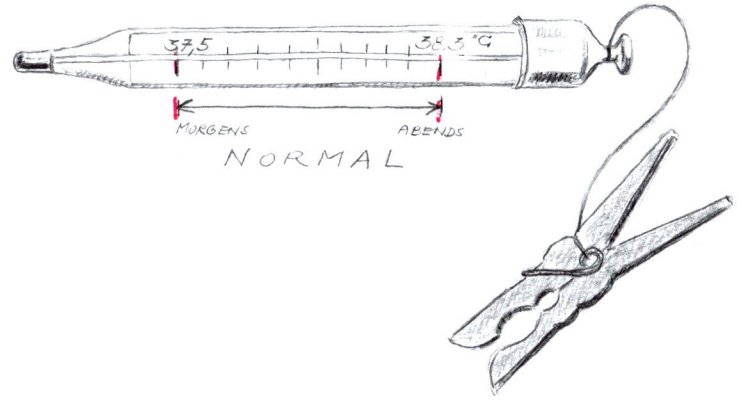

Der rot gekennzeichnete Bereich grenzt die möglichen Temperaturschwankungen tagsüber ein.

So wird das Fieberthermometer vor dem Messen heruntergeschlagen.

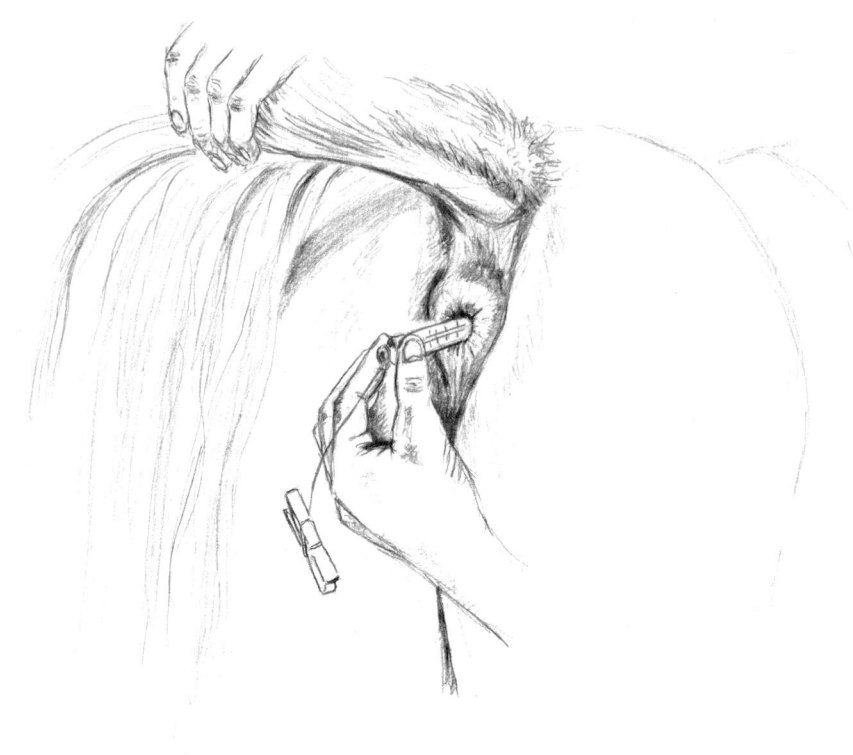

Das Thermometer ist möglichst vollständig in den After einzuführen.

Waschen Sie niemals das Fieberthermometer mit warmem Wasser ab. Die Quecksilbersäule könnte aus der Kapillare herauslaufen. Das Thermometer wird dadurch unbrauchbar, weil es falsche Werte anzeigt.

Merke: Ein Fieberthermometer sollte immer mit einem Bindfaden und einer Wäscheklammer versehen sein, damit es nicht völlig im Mastdarm verschwinden kann.

Pulsmessen

Den Puls können wir fühlen an Gefäßen mit arteriellem, d. h. sauerstoffreichem Blut, das vom Herzen in den Körper gepumpt wird.

Methode 1: am Unterkiefer

Maßnahme I: Wir suchen bei einem dünnhäutigen Pferd am Unterkiefer die Stelle auf, an der mehrere Gefäßstränge von innen hinten nach vorn außen schräg über den Unterkieferknochen verlaufen.

Maßnahme II: Wir legen Zeige- und Mittelfinger auf die höchste Erhebung des Stranges und drücken darauf.

Maßnahme III: Wir vermindern den Druck, bis die Pulswelle deutlich fühlbar ist.

Methode 2: am Fesselkopf

Maßnahme I: Wir nehmen die höchste Erhebung innen und außen am Fesselkopf zwischen Daumen und Zeigefinger und drücken die Finger fest an.

Maßnahme II: Wir vermindern den Druck, bis die Pulswelle fühlbar ist.

Methode 3: am Röhrbein

Maßnahme I: Wir legen drei Finger jeweils eine Handbreit unter dem Vorderfußwurzel- oder Sprunggelenk entweder am vorderen Röhrbein innen oder am hinteren außen auf und drücken fest zu.

Maßnahme II: Wir vermindern den Druck, bis die Pulswelle fühlbar ist.

Methode 4: am Herzen

Maßnahme: Viele Reiter kaufen sich für 30 DM ein Stethoskop. Mit diesem Gerät läßt sich die Herzfrequenz am leichtesten links hinter dem Ellbogenhöcker abhören. Es ist zweckmäßig, die linke Vordergliedmaße des Pferdes ein wenig vorzustellen.

Methode 5: an der Schweifunterseite

Maßnahme I: Wir nehmen die dünne Haut ganz nahe am Schweifansatz und üben mit drei Fingern einen leichten Druck aus.

Maßnahme II: Wir vermindern den Druck, bis die Pulswellen fühlbar werden.

Das Pulsfühlen

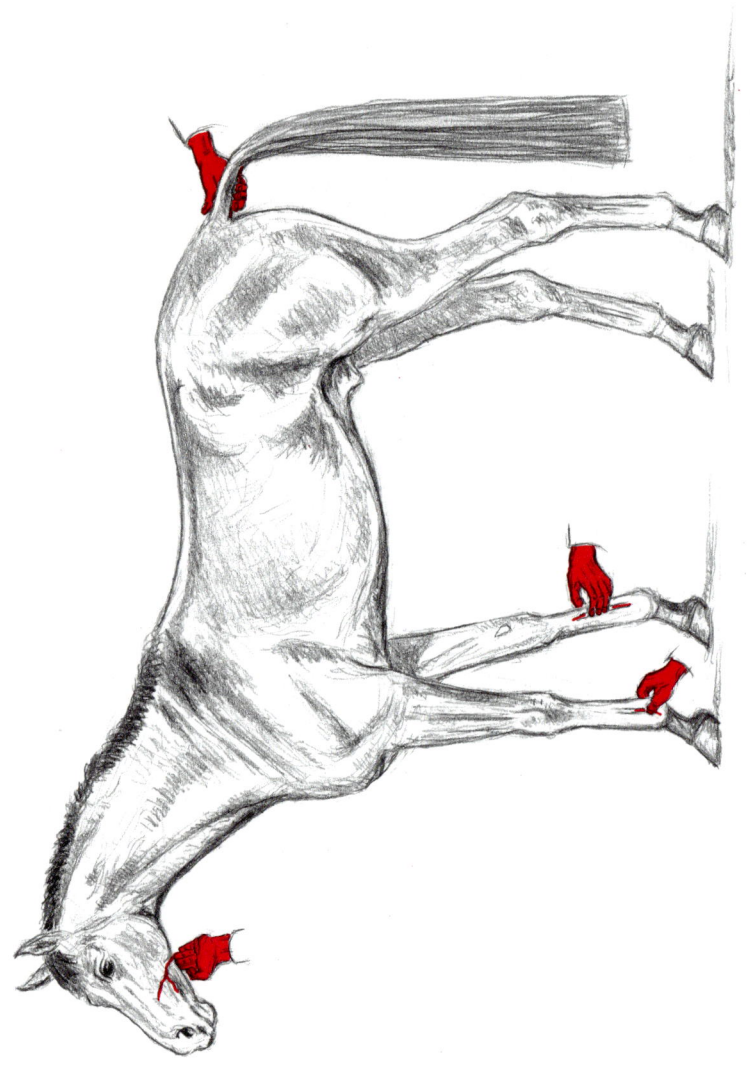

Bedeutung des Pulses

Besonders am Fesselkopf gibt die Stärke der Pulswelle Informationen über das etwaige Vorliegen einer Entzündung in diesem Bereich. Bei Hufgeschwüren ist der Puls an der erkrankten Gliedmaße wesentlich kräftiger als an der gesunden. Die Pulsfrequenz ist identisch mit der Herzfrequenz. Alle Pferde, die größeren Anstrengungen ausgesetzt werden sollen, müssen zielgerichtet trainiert werden. Zur Trainingskontrolle soll die Herzfrequenz direkt nach der Arbeit und dann nach zehn Minuten noch einmal geprüft werden. Eine Beruhigung bis auf Werte unter 72 innerhalb von zehn Minuten sollte erreicht sein. Anderenfalls ist das Pferd überfordert worden. Nicht weiterreiten! Führen! Für die nächsten Tage muß die Belastungsintensität im Training gesenkt und die Belastungsdauer erhöht werden. Die normale Herzfrequenz beträgt in Ruhe 36 bis 40 Pulsschläge pro Minute.

Wenn ein Pferd gezielt trainiert werden soll, dann sind die Anwendung eines Stethoskopes und das regelmäßige Messen der Herzfrequenz unumgänglich: Bei einer mittleren Anstrengung steigt die Herzfrequenz auf 100, bei stärkster Anstrengung sogar auf 200 Schläge pro Minute an. Die Atemfrequenz sollte immer unter der Herzfrequenz liegen. Beim schlechttrainierten Pferd kann die Atemfrequenz vorübergehend höher als die Herzfrequenz sein. Das ist dann ein lebensgefährlicher Erschöpfungszustand.

Wenn man das Training vernünftig vorantreibt, wird man folgendes feststellen: Je besser das Pferd trainiert ist, umso niedriger sind die maximalen Pulswerte und umso schneller beruhigt sich das Herz. Durch richtiges Training lernt der Organismus also, das Herz effektiver schlagen zu lassen und mit weniger Blutdurchfluß in den Blutgefäßen dieselbe Leistung zu erzielen.

An den rot gekennzeichneten Stellen wird der Puls gefühlt.

Zähne untersuchen

Wenn ein Pferd nur zögernd frißt oder beim Fressen ein Teil des Futters wieder herausfällt, sollte man sich einmal die Zähne vornehmen.

Maßnahme I: Man stellt sich vor das Pferd und nimmt die Zunge seitlich heraus.

Maßnahme II: Mit der anderen Hand fixiert man den Nasenrücken und schiebt mit dem Daumen die Lefzen beiseite. Nun kann man weit in das Maul hineinschauen und beurteilen, ob die Zähne gleichmäßig abgerieben sind.

Ungleichmäßig lange Backenzähne: Der Oberkiefer des Pferdes ist immer größer als der Unterkiefer, so daß am Oberkiefer außen Zahnhaken entstehen, während sie am Unterkiefer auf der inneren Seite beobachtet werden (der Zunge zugewandt). Pferde sollten durch Seitwärtsbewegungen zwischen Ober- und Unter-

Frißt ein Pferd schlecht, dann sollten die Zähne untersucht werden.

kiefer die Zähne gleichmäßig abnutzen. Das tun sie nur, wenn sie genügend Rauhfutter zur Verfügung haben.

Merke: Das Pferd braucht immer Holz zum Knabbern. Hängen Sie jede Woche ein neues Stück Weichholz auf. Ein solches Holz von einer Birke, Fichte, Kiefer usw. fördert die gleichmäßige Abnutzung der Zähne und kommt dem Beschäftigungstrieb der Pferde entgegen, die dann ausgeglichener sind und gesündere Zähne haben. Einmal im Jahr sollten wir den Tierarzt bitten, die Zähne unserer Pferde zu untersuchen.

Die Stallapotheke

Je nach Bestandsgröße muß eine mehr oder weniger umfangreiche Medikamentensammlung vorhanden sein. Wohnt der Tierarzt vielleicht in der Nähe und ist er darum schnell erreichbar, kann man sich auf das Notwendigste beschränken. Ansonsten sollten wir uns von unserem Tierarzt die betreffenden Medikamente auf Vorrat geben lassen.

Notapotheke für den kleinen Bestand – bis zu drei Pferde:
- Verbandswatte für Pferde, ca. 30 cm breit, 1 kg
- Drei elastische Bandagen, ca. 10 cm breit
- Eine sterile Wundauflage (Gaze, steril verpackt)
- Ein Antibiotikum-Spray (Verfallsdatum beachten!)
- Ein mildes Desinfektionsmittel, z. B. Rivanol® oder Entozon®. Verdünnung: 1 zu 1000 = 1 Tablette bzw. 1 Gramm auf ein Liter Wasser
- Althosolspray zur Behandlung von Hautabschürfungen oder älteren Wunden
- Eine saubere Wundschere
- Impfplan oder Gesundheitsplan mit Eintragungen über alle Impfungen und Wurmkuren

Wichtige Angaben und Anschriften zu meinem Pferd

»_____«, geb. 19____

Geschlecht, Farbe, Abzeichen, Rasse: _____

_____

Haustierarzt: _____
 Adresse: _____
 Telefon: _____

Nächste Tierklinik:

_____

 Adresse: _____
 Telefon: _____

Allergie – gegen Medikamente: _____
 gegen Schimmel: _____
 gegen Heu/Stroh: _____

Wichtige Haltungshinweise
 Es verträgt Pelletfütterung – Ja/Nein
 Es ist an eine Selbsttränke gewöhnt – Ja/Nein
 Es neigt zu Strahlfäule und muß besonders
 trocken stehen – Ja/Nein

Das Wurmpferd: Natürlich wollen Sie nicht, daß Ihr Pferd durch Wurmbefall so herunterkommt.

Gesundheitsplan für Reitpferde	Durchgeführte Impfungen		
	Influenza Ansteckender Husten	Tetanus (Wundstarrkrampf)	Sonstige Impfungen je nach Gegend
	Erstimpfung zweimal im Abstand von ca. 5 Wochen; dann alle 6–9 Monate	Erstimpfung zweimal im Abstand von ca. 5 Wochen; dann jährlich einmal oder zusammen mit Influenza-Impfung, eventuell nur alle zwei Jahre	Tollwut Einmal jährlich

Pferdename	1997			
Abstammung				
Geburtsdatum	1998			
Medikamenten-allergie				
Eigentümer	1999			

Pferdename	1997			
Abstammung				
Geburtsdatum	1998			
Medikamenten-allergie				
Eigentümer	1999			

Pferdename	1997			
Abstammung				
Geburtsdatum	1998			
Medikamenten-allergie				
Eigentümer	1999			

Pferdename	1997			
Abstammung				
Geburtsdatum	1998			
Medikamenten-allergie				
Eigentümer	1999			

		Wurmbekämpfung				Zahnuntersuchung	
nsteckendes Verfohlen Virusabort / Herpes)	Kotproben Datum Ergebnis (einmal jährlich)	Wurmkuren (Datum), Medikamentenname, Menge, Art der Verabreichung				Zweimal jährlich (Zahnhaken raspeln)	
ragende Stuten: dritter nd siebter Trächtig- eitsmonat jedes Jahr. lle anderen Pferde: ie ersten Impfungen eichzeitig mit tragen- en Stuten, dann alle eun Monate.		Fohlen sechsmal jährlich, Pferde viermal jährlich, tragende Stuten zusätzlich 6 Wochen vor Geburt und kurz nach Geburt				Befund Behandlung	
		Februar	April	Oktober	Dezember		
		1.Wurmkur	2. Wurmkur	3. Wurmkur	4. Wurmkur	April	Oktober

Ist die Tollwut-Impfung beim Pferd nötig?

Über die Tollwut, eine gefährliche Ansteckungskrankheit, sollte jeder Pferdefreund informiert sein. In den letzten Jahren häufen sich bei allen Weidetieren die Tollwutfälle. Betroffen sind Schafe, Kühe und auch Pferde. In Tollwutgebieten – gekennzeichnet durch Schilder am Ortseingang – sollten alle Pferde geimpft sein. Die Impfung ist bereits nach acht Tagen wirksam und sorgt für einen einjährigen Schutz. Dann muß das Pferd erneut geimpft werden.

Tollwut kann von allen Tieren auf den Menschen übertragen werden. Solange diese Krankheit noch nicht sichtbar ausgebrochen ist, besteht für den Menschen – aber nicht für Tiere – die Möglichkeit einer aufwendigen Notimpfung. So kann sein Leben gerettet werden.

Tollwut äußert sich beim Pferd in einer auffallenden Unruhe, die im Laufe von einigen Stunden zunimmt. Man denkt zunächst an eine Kolik. Die Krankheitserscheinungen umfassen Aggression, Unruhe, Schläfrigkeit, Speicheln, Lähmungen, Schluckbeschwerden, Aufnahme von großen Wassermengen und heiseres Wiehern. Diese Erscheinungen werden von Tag zu Tag dramatischer. Das Pferd rennt gegen Wände und ist besonders empfindlich. Im Wesen ändert es sich stark und es wird dem Menschen gegenüber teilweise aggressiv. Tollwut verläuft immer tödlich.

Vorsicht: Tollwutverdächtige Tiere nicht anfassen, sondern sofort den Tierarzt rufen!

Giftpflanzen

In fast jedem Vorgarten sind Giftpflanzen zu finden, die von unaufmerksamen, weil abgelenkten Pferden gefressen werden können. Ein Pferd kann als abgelenkt bezeichnet werden, wenn es durch einen Ausritt erregt wurde. Ist es hungrig und wird es in einer fremden Umgebung allein gelassen – z. B. in einem Vorgarten festgehalten oder angebunden –, dann setzt sich sein normaler Instinkt nicht durch.

Schilder am Ortseingang zeigen an, ob es sich um ein wegen Tollwut gefährdetes
Gebiet handelt.

Pferde ergreifen oft nur aus Neugier eine Pflanze. Bevor sie diese jedoch fressen, prüfen sie aufgrund ihres Instinktes die Pflanze. Wird ein Pferd jedoch durch das Trensengebiß, umherstehende Personen oder eine fremde Umgebung abgelenkt, dann wird der Instinkt ausgeschaltet und die Giftpflanze gefressen.

Weitere Giftpflanzen sind Lebensbaum, Efeu, Rhododendron, Goldregen, Stechapfel, Tollkirsche.

Gefahr! Fingerhut

Gefahr! Eibe

Merke: Die Vergiftungserscheinungen treten entweder auf als

1. Überreizung, Nervosität oder als
2. Kreislaufschwäche, oberflächliches Atmen, Schwanken der Hinterhand, Festliegen, keine Reaktion bei Berührung.

Bei den eben geschilderten Anzeichen muß sofort der Tierarzt gerufen werden. Wenn der nicht schnell kommt, müssen Erste-Hilfe-Maßnahmen getroffen werden:

Bei Überreizung, Nervosität:

Maßnahme I: Wir geben dem Pferd ein Beruhigungsmittel, z.B. Vetranquil®. Es wird in Wasser gelöst und mit einer Kunststoffflasche ins Maul verabreicht.

Maßnahme II: Sollte das Pferd nicht schlucken, dann wird eine um die Hälfte erhöhte Dosis in den After gegeben (Siehe Kapitel: »Eingeben von Medikamenten«).

Bei Kreislaufschwäche, flachem Atmen, Bewußtlosigkeit usw.:

Maßnahme I: Wir flößen dem Pferd ein anregendes Mittel durch eine Kunststoffflasche ins Maul ein, z.B. einen Liter Kaffee.

Maßnahme II: Sollte dies nicht gelingen, dann wird der Kaffee in erhöhter Dosis in den After gegeben.

Reaktion auf Medikamente

Es gibt Pferde, die gewisse Medikamente nicht vertragen, die z.B. nach der Injektion von Penicillin eine Allergie bekommen. Am ganzen Körper treten pünktchenförmige Knoten auf, die von Minute zu Minute größer werden. Wenn dabei die Atemwege nicht zuschwellen und das Pferd weder schwitzt noch unruhig scharrt, kann man mit einer baldigen Selbstheilung rechnen (Es kann Stunden oder Tage dauern, bis die Haut wieder glatt und unauffällig ist).

Zeigt das Pferd jedoch starke Unruhe oder sehen die Schwellungen am Auge oder in der Nasenumgebung bedrohlich aus, sollte schnellstens der Tierarzt gerufen werden.

Wenn eine solche allergische Reaktion sich innerhalb von ein paar Stunden von alleine behebt, darf man sie freilich nicht vergessen. Man sollte im Pferdegesundheitsplan auffällig farbig markieren, auf welches Medikament das Pferd so extrem reagiert hat. Vielfach werden die weiteren Reaktionen auf dasselbe Medikament nicht so harmlos wie beim erstenmal verlaufen. Sie können lebensgefährlich werden.

Merke: Eine Pferd darf ein Medikament, das einmal zu einer leichten allergischen Reaktion geführt hat, nicht ein zweites Mal bekommen.

Doping

Was bei großen Turnieren üblich ist, bürgert sich auch immer mehr bei kleineren Veranstaltungen ein: Es finden Dopingkontrollen statt. Fall es nötig ist, zur Erste-Hilfe-Leistung ein Medikament zu verabreichen, dann muß in aller Regel das Pferd vom Wettkampf zurückgezogen werden. Kein Pferd darf starten, dem ein Medikament gegeben worden ist. Es spielt dabei keine Rolle, ob das unwissentlich geschah oder nicht.
Doping liegt auch dann vor, wenn ein müdemachendes Medikament gegeben worden ist. Ebenfalls kann das ahnungslos und äußerlich auf die Haut aufgetragene Medikament zum Tatbestand des Doping führen. Man sollte auf jeden Fall seinen Tierarzt um Rat fragen. Auf vielen Medikamenten steht: »Wartezeit ...... Tage«. Das bedeutet, daß diese Mittel – benutzt zur Behandlung einer Krankheit innerhalb dieser Zeit – bei der Dopinguntersuchung nachgewiesen werden können.
Für bestimmte Medikamente sind Restwerte erlaubt. Allerdings hat jede Pferdesportdisziplin andere Richtlinien. Lassen Sie sich von Ihrem Tierarzt beraten. Butazolidin (Equipalazone®), als entzündungshemmendes Schmerzmittel, darf 4 Tage vor der Pferdeleistungsprüfung nicht mehr gegeben werden. Erst wenn ein Medikament nicht mehr nachweisbar ist, darf das Pferd wieder im Turniersport eingesetzt werden. Hier einige Beispiele gängiger Medikamente:

Acepromazin®, Beruhigungsmittel (übers Futter):
24 Stunden nachweisbar

DMSO Cortexilar®, Einreibung:
36 Stunden nachweisbar

Equipalazone®, schmerz- und entzündungshemmendes Mittel (übers Futter):
96 Stunden nachweisbar

Theophyllin, in vielen Hustensäften:
36 Stunden nachweisbar

Dextromethorphan, in vielen Hustensäften:
96 Stunden nachweisbar

Die Sprache des Pferdes

Durch sein Mienenspiel, seine Kopf- aber auch Körperhaltung teilt uns das Pferd mit, was es im nächsten Moment vorhat. Der Pferdekenner kann dadurch Angst und Aggressionen erkennen. Aggressionen entstehen oft aus Angst.
Wie macht sich das Pferd verständlich?

1. Durch flach nach hinten gelegte Ohren zeigt es an, daß es angreifen will.

Die Mimik des aggressiven Pferdes

2. Das Flehmen (Heben der Oberlippe) bedeutet beim Hengst, daß er den angenehmen Geruch einer Stute in die Nüstern bekommen hat. Das Flehmen bei allen anderen Pferden weist auf einen generell angenehmen Geruch hin, in seltenen Fällen aber auch auf einen widerlichen, abstoßenden Geruch.

3. Hebt das Pferd den Vorderhuf, so kann das ein Hinweis darauf sein, daß ihm der Huf weh tut.

4. Sieht sich ein Pferd nach hinten zum Bauch um, dann hat es vermutlich im Bauch Schmerzen (siehe Kolik).

5. Senkt es den Kopf, kann ein Angriff durch Auskeilen mit der Hinterhand erfolgen.

Umgang mit Hengsten

Hengste bedürfen – wie alle anderen Pferde – eines fachmännischen Umgangs durch geschultes Personal. So sollte der Hengsthalter mit dem Verhalten des Hengstes vertraut sein, um nicht andere und sich selbst in Gefahr zu bringen.

Um einen Hengst sicher führen zu können, ist es angebracht, ihm ein geeignetes Kopfzeug zu verpassen, wie es in gut sortierten Fachgeschäften erhältlich ist.

Beim Reiten in der Gruppe ist darauf zu achten, daß man nicht zu dicht auf einen Hengst aufreitet. Anderenfalls muß man mit heftigen Abwehrreaktionen rechnen. Das Auskeilen eines Hengstes hat für den aufgerittenen Reiter fast immer böse Folgen.

Grundsätzlich gilt: Pferde, die zum Ausschlagen neigen, sollten vom Reiter vor dem Ausritt ein rotes Schleifchen in den Schweif bekommen. So weiß jeder schon von weitem: Vorsicht! Nicht zu dicht aufreiten!

Der Pferdekauf

Lahmheiten und Pferdekauf

Wer ein Pferd reiten oder auch kaufen will, sollte ein Lahmgehen des Pferdes beurteilen können. Auf den Abbildungen dieses Kapitels ist dargestellt, wie man den Ort zweier Lahmheitsursachen am Pferdebein genauer feststellen kann.

Sicherlich hat jeder schon mal gesehen, wie der Tierarzt solche schmerzerzeugenden Methoden bei der Untersuchung anwendet. Auch der weniger routinierte Reiter kann sich mit diesen Methoden einen gewissen Anhalt für das Vorliegen einer Lahmheit verschaffen.

Wenn man ein Pferd kaufen will, sollte man ein paar Untersuchungen bereits im Stall des Verkäufers auf hartem Boden selbst vornehmen: Die Gliedmaße wird zwei Minuten lang in der abgebildeten Weise gehalten. Anschließend wird das Pferd am langen Strick ca. 30 m weit auf ebenem, hartem Boden getrabt. Sollte dabei eine deutliche Lahmheit erkennbar sein, dann ist das Pferd höchst verdächtig. Man sollte niemals ohne vorherige tierärztliche Untersuchung ein Pferd kaufen – und schon gar nicht, wenn ein Pferd auffällig erscheint. Handelt es sich um die Lahmheit des eigenen Pferdes, dann können diese Schmerzproben einen gewissen Anhalt dafür geben, wo die Schmerzursache zu suchen ist. Eventuell kann man bis zum Eintreffen des Tierarztes kühlende Einreibungen machen. Auf keinen Fall sollte ein Pferd, das nach den Proben eine deutliche Lahmheit zeigt, bis zum Eintreffen des Tierarztes geritten werden.

Merke: Diese Schmerzproben können nur von einer erfahrenen Person ausgewertet werden. Keinesfalls sollte man sich anmaßen, mit diesen Proben dem erfahrenen Tierarzt vorzugreifen. Die Proben sollen lediglich einen nicht überzubewertenden Hinweis darauf geben, ob das Pferd weitergearbeitet werden darf oder nicht, ob eine Lahmheit vorliegt oder nur eine Steifheit.

Generell zum Thema Pferdekauf: Verzichten Sie nicht auf die Ankaufsuntersuchung durch den Tierarzt. Eine solche Untersuchung ist preiswert im Vergleich zu den Kosten, die beim Kauf eines nicht gesunden Pferdes auf den Besitzer zukommen. Vom Ärger und von der eventuellen Möglichkeit, eine vorhandene Erkrankung nicht kurieren zu können, mal ganz zu schweigen.

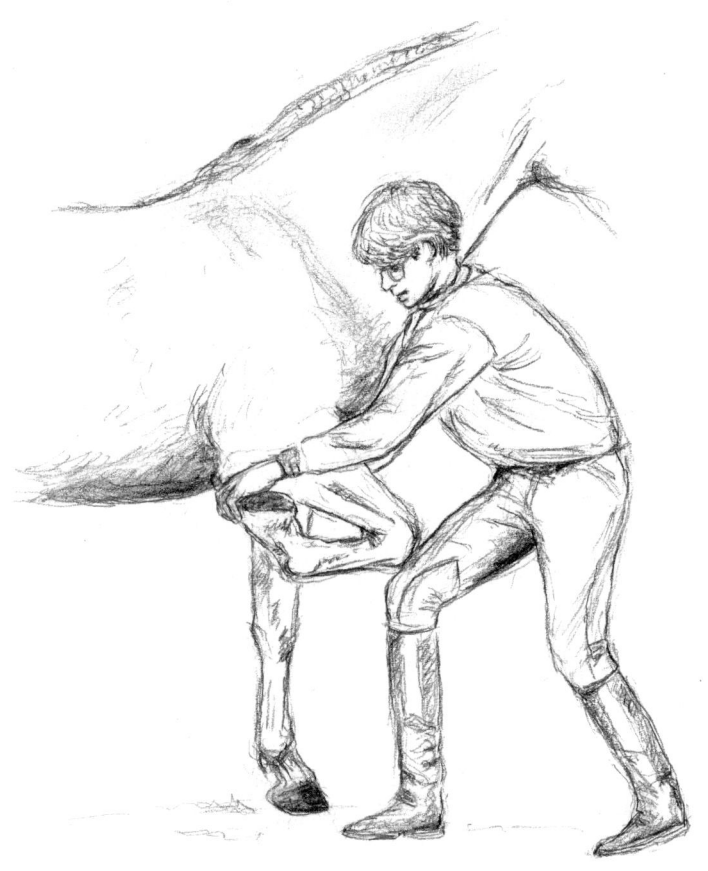

Beugeprobe: So funktioniert die Beugeprobe. Durch Beugung der Zehengelenke – das sind die unteren Gelenke der Pferdegliedmaße – werden Schmerzursachen an dieser Stelle diagnostiziert. Insbesondere reagiert das Pferd mit Lahmheit, wenn es unter einer Schale leidet (Knochenwucherung in Gelenknähe) oder unter einem deutlichen Sehnenschaden am Fesselgelenk, eventuell auch an einer Hufrollenentzündung.

Durch diese sogenannte Spatprobe kann man ermitteln, ob eine Schmerzhaftigkeit aus dem Sprunggelenk kommt.

Hilfe im Ernstfall

Die in diesem Kapitel beschriebenen Maßnahmen können beim Umgang mit schwierigen Pferden hilfreich sein – aber sie ersetzen nicht die gründliche Erziehung der Pferde! Wenn Ihr Pferd beim Hufaufheben, beim Aufhalftern oder Führen Schwierigkeiten macht, sollten Sie unbedingt versuchen, das Vertrauen Ihres Pferdes zu gewinnen, und die entsprechenden Handgriffe täglich mit ihm üben. Bei einem gut erzogenen Pferd sind die folgenden Maßnahmen nämlich in der Regel überhaupt nicht nötig.

Hilfe beim Hufbeschlag

Pferde, die in ihrer Jugend nicht rechtzeitig an das Aufheben der Gliedmaßen gewöhnt wurden, bereiten als erwachsene Pferde Schwierigkeiten beim Hufbeschlag. Dieses Kapitel zeigt, wie man diese Probleme löst.

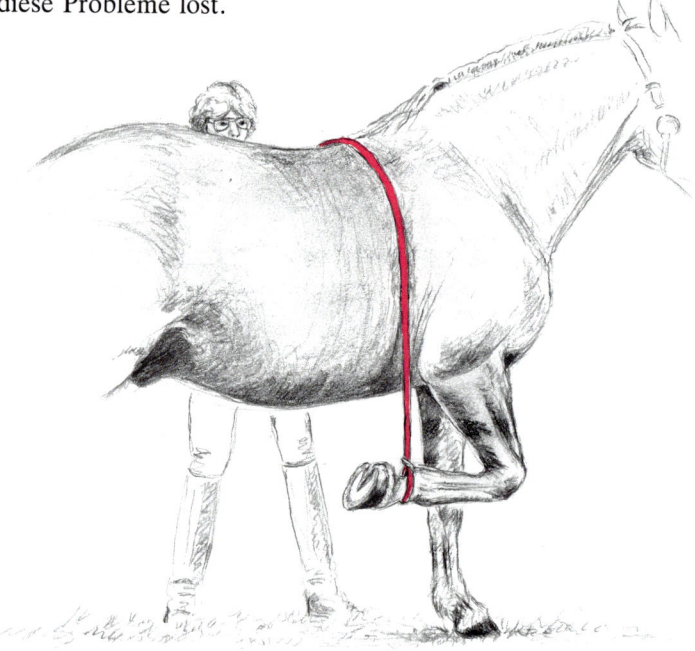

So läßt sich eine Vordergliedmaße leicht hochhalten.
Merke: Niemals den Strick anbinden! Man muß im Notfall schnell nachgeben können. Wird gleichzeitig der Kopf hochgehalten, dann hat das Pferd kaum Gelegenheit sich zu wehren.

Aufheben der Vordergliedmaße

Neigt ein Pferd dazu, den Huf beim Aufnehmen fortzuziehen, dann legt man ihm einen dicken Strick oder ein Handtuch um die Fessel. Damit kann man das Bein besser halten.

Um den rechten Vorderhuf aufzuheben, stellt man sich – ruhig mit dem Pferd sprechend – mit dem Gesicht zum Hinterteil des Pferdes neben dessen rechte Schulter. Nun streicht man mit der rechten Hand vom Hals ausgehend an der Innenseite der rechten Vordergliedmaße herab. Dann stößt man mit der Schulter gegen das Pferd. Dadurch muß es sein Gewicht auf die linke Gliedmaße verlagern. Gleichzeitig zieht man in Höhe des Erbsbeines die Gliedmaße mit der rechten Hand nach vorn. Mit der linken Hand erfaßt man nun den Huf und beugt ihn nach hinten.

Hat man ein Bein derart angehoben und nach hinten gebeugt, dann kann das Pferd die Gliedmaße auch bei größter Unruhe nicht gegen den Willen des Aufhalters auf den Boden stellen. Bei richtiger Anwendung erfordert diese Methode wenig Kraft. Also: Üben! Man sollte das Bein niemals höher halten als den Huf, der sich auf Höhe des Vorderfußwurzelgelenkes befinden soll. Beugt man den Huf zu stark, dann wird das Pferd aufgrund der entstehenden Schmerzen Widerstand leisten.

Beim Absetzen darf man den Vorderfuß nicht einfach loslassen. Das Pferd könnte sich das Hufbein brechen. Man sollte den Huf langsam auf den Boden stellen.

Legt sich ein Pferd mit seinem gesamten Gewicht auf die Person, die das Bein festhalten soll, dann legt man ein Seil um die Vorderfessel. Ohne viel Kraftaufwand kann man nun diese Vordergliedmaße aufhalten, wenn man das Seil über den Rücken zur anderen Seite führt und dort nach unten zieht.

Das Aufheben der (linken) Hintergliedmaße

Eine Hilfsperson tritt von vorn, auf der linken Seite des Pferdes, an die Hintergliedmaße heran. Dabei streicht die linke Hand über den Rücken bis zum Hüfthöcker und wird dort aufgestützt. Von dort aus gleitet die rechte Hand an der Hinterseite des Beines herunter und zieht die Gliedmaße in Röhrbeinhöhe nach vorn. Sollte das Pferd nun schlagen, kann niemand verletzt werden. Nach wenigen Sekunden gewöhnt sich das Pferd an die unangenehme Haltung. Jetzt kann die linke Hand der Hilfsperson hinabgleiten und den Hinterhuf beugen. Ist die Gliedmaße erst einmal so fixiert, dann kann sich das Pferd auch nicht mehr durch Schlagen befreien. Das Aufheben der Hinterbeine sollte man sorgfältig mit seinem Pferd üben.

Schlägt das Pferd mit der Hinterhand nach dem Schmied, dann sollte man es einige Tage folgendermaßen behandeln: Man legt

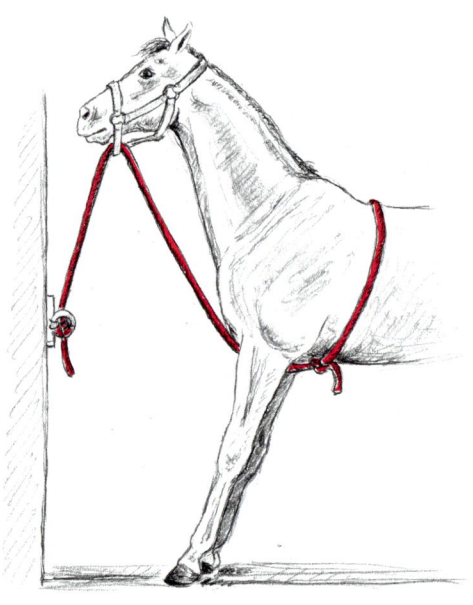

Ein so festgemachtes Pferd wird es lernen, beim Angebundensein ruhig zu stehen. **Merke:** Das junge Pferd darf anfangs nicht angebunden sondern nur festgehalten werden, damit man es in einer Paniksituation schnell loslassen kann! Niemals den Knoten hinter dem Ellbogengelenk so anlegen, daß er einschnürt, sonst könnte das Pferd in Panik geraten!

ein Seil um die Hinterfesseln, führt es zwischen den Vorderbeinen hindurch und knotet es am Halfter fest. Jeder Schlag erzeugt nun über das Halfter einen Schmerz am Pferdekopf. Diese Maßnahme ist erzieherisch sehr wirkungsvoll. Niemals sollte man ein Pferd in der Schmiede schlagen. Pferde vergessen so etwas nicht. Sie werden nur noch ungern in eine Schmiede gehen und dort stets aggressiv sein. Einige Pferde haben vor dem Schmiedefeuer Angst. Führt man sie jedoch immer wieder an solch einem Feuer vorbei, gewöhnen sie sich nach einigen Tagen daran. Ein ängstliches Pferd sollte nicht angebunden, sondern an einem Halfter mit einem 100 cm langen Strick festgehalten werden.

Duldet ein Pferd das Aufheben einer Gliedmaße nur für wenige Sekunden, dann liegt der Verdacht nahe, daß es an der gegenüberliegenden Gliedmaße Schmerzen empfindet, sobald diese das gesamte Gewicht tragen muß. Während des Beschlagens sollte darum öfters abgesetzt werden. Eventuell gibt man ein

Aufheben des linken Hinterbeines:
Die linke Hand streicht über den Rücken und wird am Hüfthöcker aufgestützt.

Die rechte Hand zieht die Gliedmaße nach vorn.

Der Helfer hat die Gliedmaße fixiert.

bis zwei Tage vorher ein schmerzlinderndes Mittel über das Futter, z. B. zweimal täglich zwei Tütchen Equipalazone®.

Reicht man unruhigen Pferden beim Schmied etwas zum Knabbern oder ein bißchen Hafer, so lassen sie sich leicht ablenken.

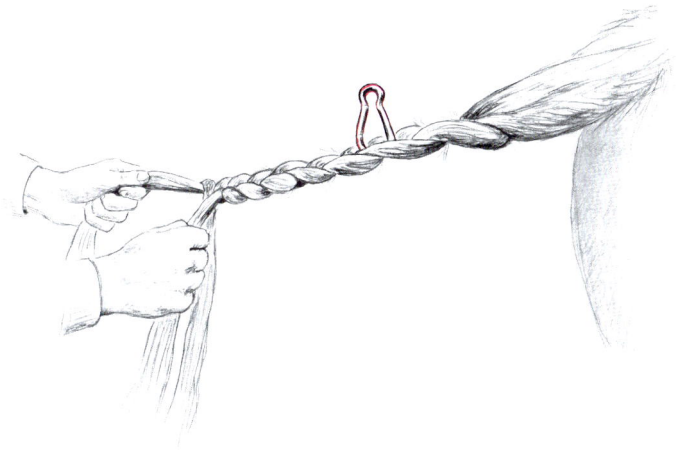

So kann eine Hintergliedmaße hochgehalten werden, wenn sich das Pferd heftig wehrt.
Merke: Niemals mit zuviel Gewalt vorgehen! Häufig üben! Pferde sind sehr gelehrig.

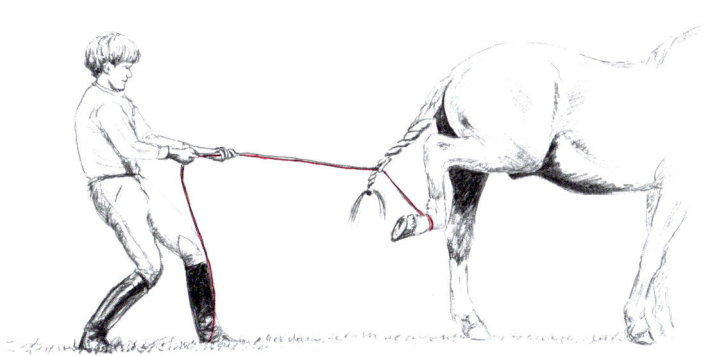

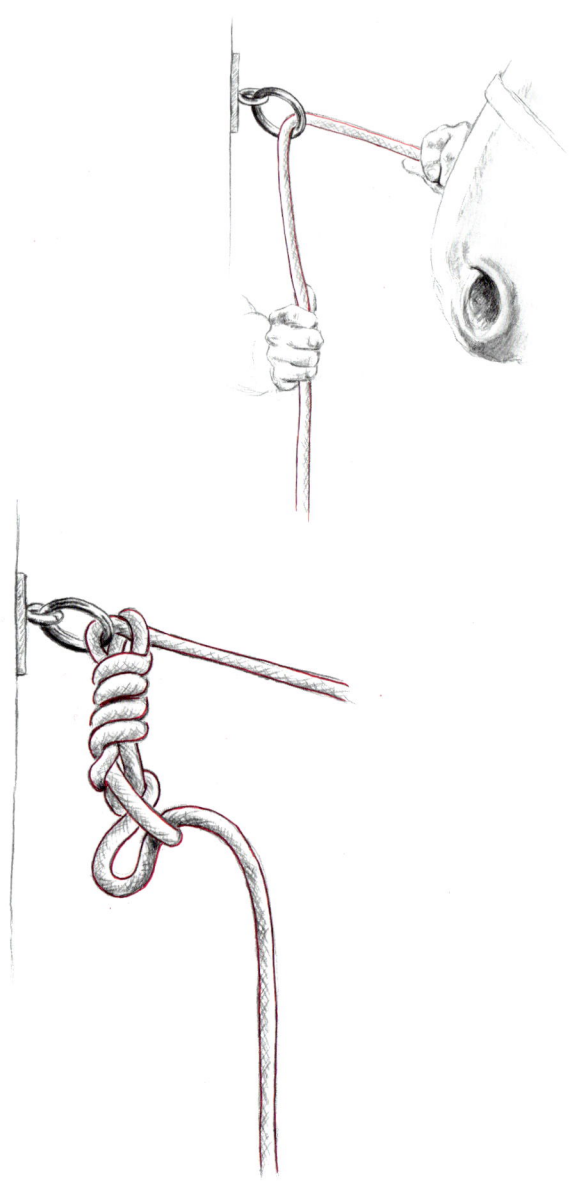

Um das Pferd sicher anzubinden, empfiehlt es sich, einen solchen Knoten zu knüpfen.

Merke: Den Knoten nie zu fest ziehen! Er muß sich in Paniksituationen leicht lösen lassen.

Wie nähert man sich einem fremden Pferd in der Box?

Vorsicht! Jedes Pferd kann unerwartet zu einer Gefahr für Fremde werden. Wenn Sie sich einem fremden Pferde nähern, können Sie vor allem mit dessen Neugierde rechnen. Man wendet darum dem Pferd seine volle Aufmerksamkeit nicht sofort zu, sondern tut so, als interessiere man sich in der Box für etwas ganz anderes.

Die erste Methode der Annäherung sieht so aus:

Maßnahme I: Gehen Sie nicht direkt auf ein Pferd zu, das Sie nicht mit gespitzten Ohren erwartet, sondern Ihnen sein Hinterteil zuwendet.

Maßnahme II: Sprechen Sie mit ruhiger Stimme.

Maßnahme III: Gehen Sie in die Hocke und tun Sie so, als ob Sie einen Gegenstand im Stroh suchen.

Maßnahme IV: Gehen Sie gebückt in einer Zickzacklinie mit den Händen im Stroh raschelnd auf die Vorderbeine des Pferdes zu. Das Pferd wird Ihnen interessiert zusehen und nicht nach Ihnen schlagen.

Maßnahme V: Berühren Sie die Vordergliedmaßen, heben Sie eventuell eine auf.

Maßnahme VI: Greifen Sie mit einer Hand von unten an das Halfter. Nicht von der Seite anfassen, da das Pferd sonst Ihre Hand sieht!

Und so sieht die zweite Methode der Annäherung aus für den Fall, daß das Pferd noch kein Halfter trägt:

Maßnahme I: Ignorieren Sie das Pferd! Tun Sie so, als ob Sie es gar nicht sehen.

Maßnahme II: Sprechen Sie das Pferd nicht an, sondern erzählen Sie etwas über Ihre augenblickliche Tätigkeit, z. B.: »Ich werde jetzt die Tränke reinigen.«

Maßnahme III: Gehen Sie wie ein Pferdepfleger in der Box herum, kontrollieren Sie die Tränke und die Türscharniere, bewegen Sie sich von einer Boxenecke in die andere. Jetzt wird das Pferd versuchen, Ihre Aufmerksamkeit zu erregen.

Maßnahme IV: Das Pferd wird Ihnen den Kopf zuwenden. Nun streifen Sie das mitgebrachte Halfter über Maul und Nase.

Wie legt man einem fremden Pferd ein Halfter auf?

Maßnahme I: Wir legen uns bereits außerhalb der Box das Halfter so zurecht, daß Nasen- und Kinnriemen eine Einheit darstellen.

Maßnahme II: Wir öffnen die Boxentür und sprechen das Pferd an.

Maßnahme III: Wir gehen nur dann auf den Pferdekopf zu, wenn uns die Ohren freundlich zugewandt sind. Ansonsten verfahren wir wie oben beschrieben.

Maßnahme IV: Die Halfteröffnung streifen wir zuerst über Maul und Nase, danach erst den Riemen über das Genick.

Wie man sich aus einem Strick ein Halfter macht

Dazu benötigt man einen zwei Meter langen Strick, notfalls einen Hosengürtel oder ein Hemd mit langen Ärmeln.

Maßnahme I: Man legt die Mitte des Stricks(eines Lederriemens oder Stoffstreifens) über den Nasenrücken.

Beim Führen drückt der Strick auf das Nasenbein.

Wenn ein Pferd sich nicht am Halfter führen läßt, kann dieser Strick hilfreiche Dienste leisten. Beim Ziehen am Führriemen drückt der Strick auf den Unterkiefer.

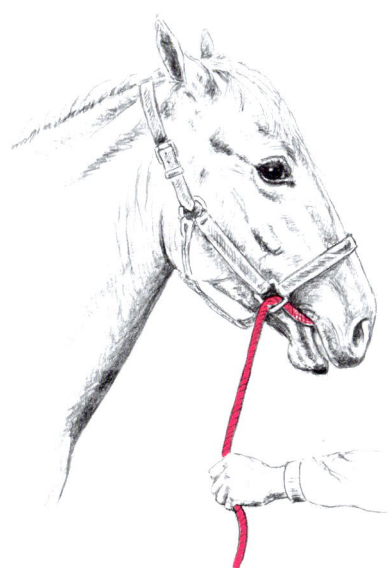

Wenn ein Pferd beim Führen am Halfter allzu viel Übermut zeigt, kann ein Strick, durchs Maul gezogen, helfen. Solange der Strick stramm bleibt, kann das Pferd ihn nicht zum Maul hinausdrücken und ihn auch nicht zerkauen, weil genau in Lefzenhöhe im Pferdemaul sich keine Zähne befinden.

Vorsicht: Niemals ein Pferd so anbinden!

Maßnahme II: Der Strick wird in Kinnhöhe gekreuzt.

Maßnahme III: Die rechte Hand legt den Strick hinter den Ohren auf die andere Seite.

Maßnahme IV: Beide Strickenden miteinander verknoten – fertig ist das Halfter.

Dies sollte man oft genug am eigenen Pferd üben. In vielen Fällen ist man gezwungen, sich ein Halfter zu basteln, z. B. bei Feuer, bei Unfällen mit Autos, bei ausgerissenen Pferden auf der Straße.

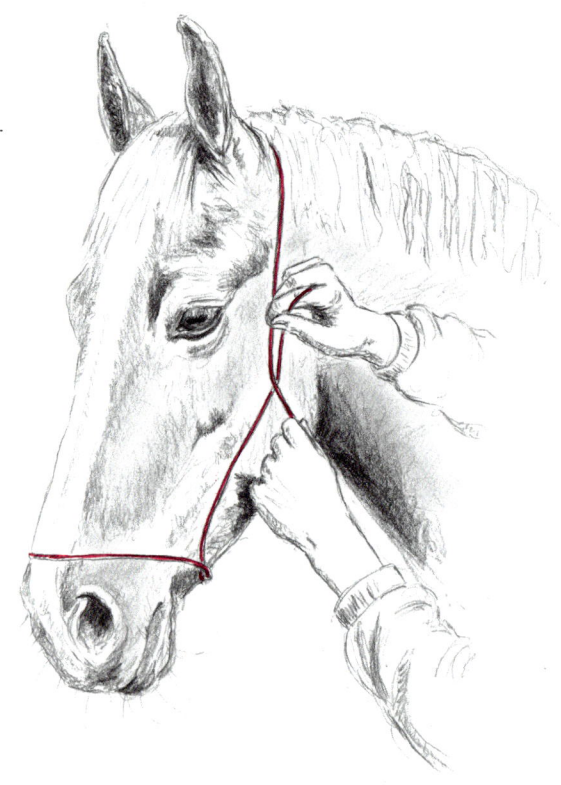

Basteln eines Halfters: Jeder sollte zu Hause in Ruhe üben, wie man aus einem Strick schnell ein Halfter macht. Man legt eine Schlinge über den Kopf knapp oberhalb der Nüstern und führt denselben Strick weiter über das Genick auf die andere Seite. Man kann das mit einem Strohband oder einem einfachen Bindfaden praktizieren.

So kann man aus einem Strick eine Nottrense basteln.

Auflegen einer Nasenbremse

Viele kleine Eingriffe beim Pferd lassen sich nicht ohne die Nasenbremse vornehmen. Eine richtig angebrachte Nasenbremse hat noch keinem Tier Schaden zugefügt – aber viele gefährliche Abwehrreaktionen verhindert.

Merke: Keine Nasenbremse mit scharf schnürenden Stricken verwenden!

Maßnahme I: Man ergreift den Pferdekopf oberhalb des Nasenrückens.

Maßnahme II: Man legt die Nasenbremse mit der linken Hand auf die Oberlippe.

Maßnahme III: Nun dreht man mit der rechten Hand die Nasenbremse.

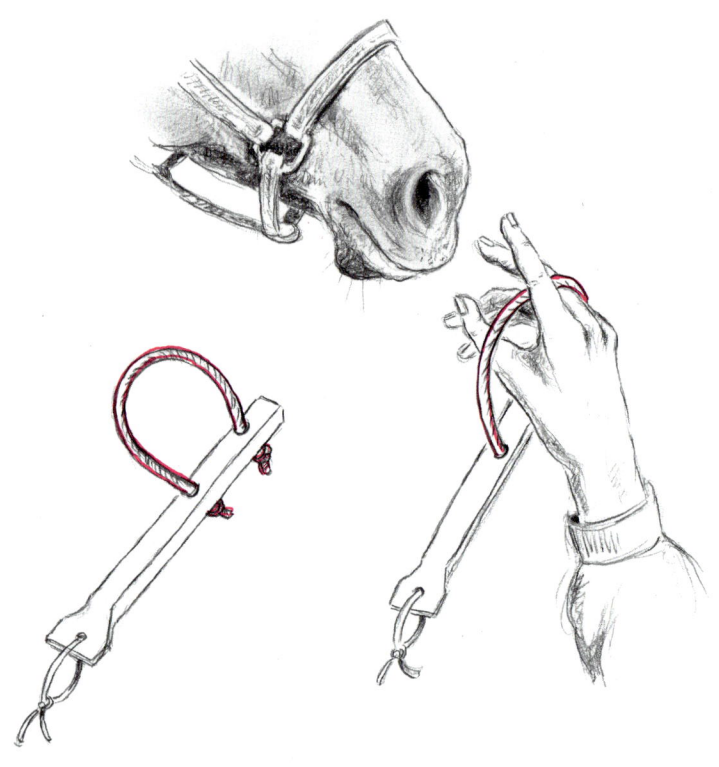

Bevor man an das Pferd herantritt, sollte man die Nasenbremse richtig über die Finger legen, damit sie einem nicht über die Ärmel herunterrutscht.

Merke: Es ist wirksamer, eine Nasenbremse für wenige Sekunden stramm anzulegen als über längere Zeit locker. Das letztere hat kaum Wirkung und verärgert nur das Pferd.

Eine angebundene Nasenbremse kann zu mancherlei Schäden an der Oberlippe führen. Die Nasenbremse sollte jeweils nur für wenige Sekunden stramm gehalten werden.

Ein zu langes Wirkenlassen der Nasenbremse führt zu deutlichen Veränderungen an der Oberlippe. Ein derart behandeltes Pferd ist jahrelang gezeichnet.

Die Metallnasenbremse ist weniger wirksam als eine Stricknasenbremse. Vorsicht! Bei Abwehrbewegungen des Pferdes ist sie für in der Nähe stehende Menschen gefährlich. Die sogenannte Polnische Bremse ist aus Gründen des Tierschutzes bei uns verboten. Sie kann zu erheblichen Verletzungen führen.

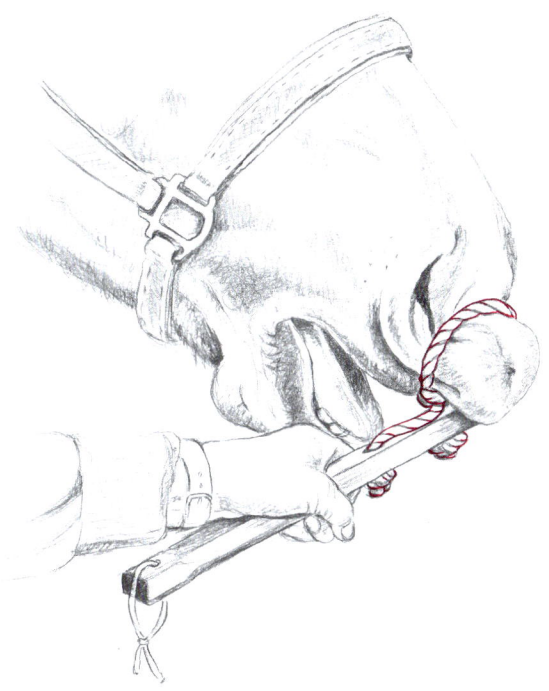

Eine stramm gehaltene Nasenbremse ist wirksam. Eine locker gehaltene Nasenbremse verärgert das Pferd.

Basteln einer Nasenbremse

Maßnahme I: Wir beschaffen uns einen besenstieldicken Stock, ca. 30 cm lang, und ein Segeltau. Ist kein Tau zur Hand, dann flechten wir neun, nicht aus Kunststoff bestehende Strohbänder.

Maßnahme II: Wir bohren in den Stock zwei Löcher im Abstand von 10 cm.

Maßnahme III: Durch die Löcher ziehen wir das Segeltau oder das geflochtene Strohband und knoten es zusammen.

Basteln eines Maulkorbs

Es gibt einige Gelegenheiten, bei denen der Einsatz eines Maulkorbes beim Pferd notwendig ist. Treten z. B. Kolikerscheinungen auf, sollte das Fressen bis zum Eintreffen des Tierarztes unter-

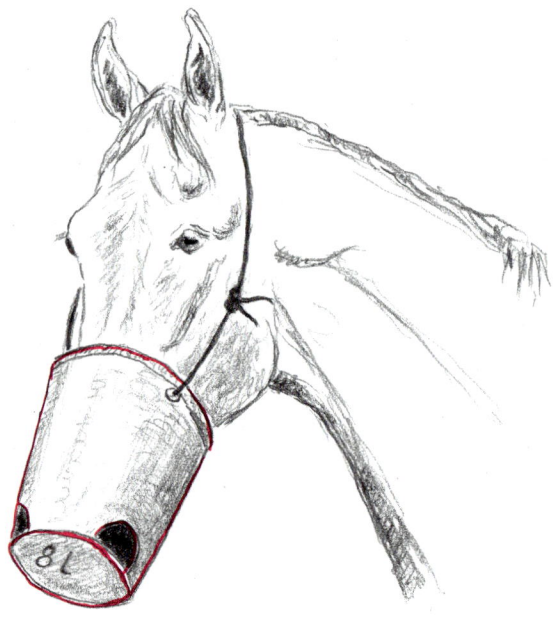

So sieht ein selbstgebastelter Maulkorb aus. Der Maulkorb ist am Halfter zu befestigen, damit er nicht abgestreift werden kann. Dieser Eigenbau-Maulkorb ist nicht nur billiger als ein gekaufter, man kann ihn auch besser reinigen. Und man kann ihn guten Gewissens wegwerfen, wenn man ihn bei einem Pferd mit Nasenausfluß verwendet hat (Ansteckungsgefahr!).

bunden werden. Wenn Pferde für eine Operation vorbereitet werden, gehört ein vorheriges, 24stündiges Hungern dazu. Neigt das Pferd dazu, beim Auslauf besonders viel Sand mit den Wurzeln zu fressen, empfiehlt es sich ebenfalls, ihm vorübergehend einen Maulkorb anzulegen.

Maßnahme I: Für ein Kleinpferd beschaffen wir uns einen 5-Ltr.-Eimer, für ein Großpferd einen 8-Ltr.-Eimer, und zwar aus Plastik.

Maßnahme II: Den Metallhenkel brechen wir heraus.

Maßnahme III: Für die Nüstern schneiden wir zwei streichholzschachtelgroße Löcher in den Eimer. In den kleinen Löchern, in denen der Metallbügel saß, befestigen wir einen Bindfaden.

Maßnahme IV: Den Maulkorb befestigen wir mittels des Bindfadens so fest am Halfter, daß er sich nicht lösen kann, oder wir führen ihn wie in der Zeichnung hinter den Ohren auf die andere Seite.

Ein Pferd auf die Weide führen

Wenn Pferde wissen, daß es beim Führen auf die Weide geht, geben sie sich in ihrer freudigen Erwartung sehr leicht übermütig. Gerade in dieser Situation sind Vorsichtsmaßnahmen erforderlich, um mit Ruhe und Übersicht eine Gefährdung des Menschen zu vermeiden.

So ist es wichtig, daß beim täglichen Umgang mit dem Pferd gesprochen wird, um es zu beruhigen. Pferde sollen im Schritt auf die Weide geführt werden. Daß sie schnell lernen, muß man sich zunutze machen.

Vorsicht: Drehen Sie den Kopf des Pferdes vor dem Loslassen zu sich hin! Pferde können beim übermütigen Losgaloppieren nach hinten ausschlagen.

Krankheiten der Gliedmaßen

Arterienblutungen an den Gliedmaßen

Eine Arterienwunde ist von einer Venenwunde leicht zu unterscheiden. Eine Arterie ist getroffen, wenn das Blut im Rhythmus des Herzschlags hellrot herauspulsiert. Eine Venenwunde ist dadurch gekennzeichnet, daß das Blut langsam heraussickert.

Beide Wunden werden unterschiedlich behandelt. Bei einer Arterienwunde muß man rumpfwärts abbinden, d. h. oberhalb der blutenden Stelle – Richtung Herz – , da die Arterien das Blut vom Herzen bis in die Hufe führen.

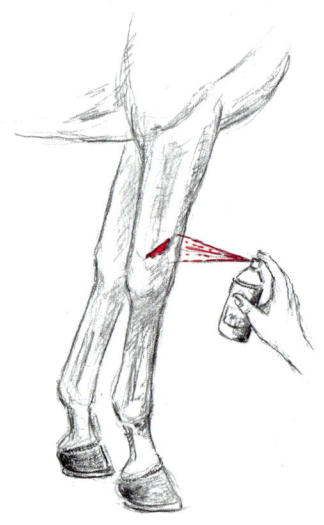

Eine Hautabschürfung, die nicht mehr blutet oder gar nicht geblutet hat, kann mit einem Antibiotikumspray eingesprüht werden. Wenn die Wunde jedoch durch die Haut hindurchgeht und deswegen die Wundränder auseinanderklaffen, sollte nichts aufgesprüht werden, bis der Tierarzt die Wunde gesehen hat. Er wird sie nähen oder klammern.

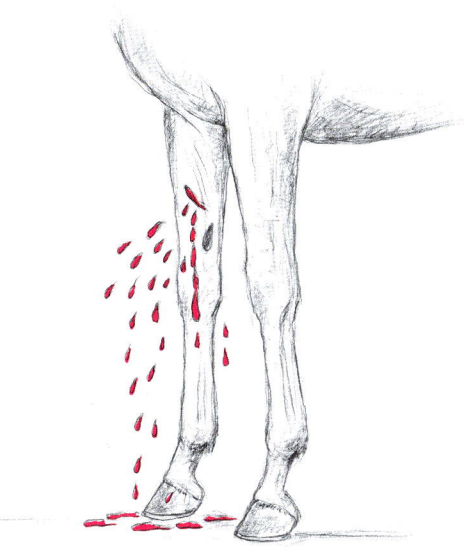

Eine Arterienwunde weit oberhalb vom Vorderfußwurzelgelenk: Hier muß oberhalb der Wunde herzwärts abgebunden werden (Strick mit Knebel). Nichts in die Wunde sprühen! Schnell den Tierarzt benachrichtigen.

Maßnahme I: Man legt eine Strickschlinge oder einen Gürtel zunächst locker um das Bein, und zwar oberhalb des Vorderfußwurzelgelenkes.

Maßnahme II: Auf der Innenseite unterlegt man ein faustgroßes Polster, z. B. eine Bandage oder eine zusammengefaltete Zeitung. Auch eine Rolle Toiletten- oder Haushaltpapier ist geeignet.

Maßnahme III: Dann steckt man einen Stock in die Schlinge, dreht ihn und schnürt so die Arterie bis zum Stillstand der Blutung ab. Achtung: Nicht länger als zehn Minuten abschnüren.

Maßnahme IV: Die verletzte Stelle deckt man mit einem sterilen Tuch ab, polstert sie mit Watte und bandagiert sie fest.

Maßnahme V: Benachrichtigen Sie den Tierarzt!

Maßnahme VI: Sickert das Blut durch den Verband hindurch, dann legt man eine weitere Lage Watte oder zuvor Zeitungspapier auf und bandagiert erneut. Eventuell muß man noch ein weiteres Mal so verfahren. Auf keinen Fall aber darf der Verband gelöst werden!

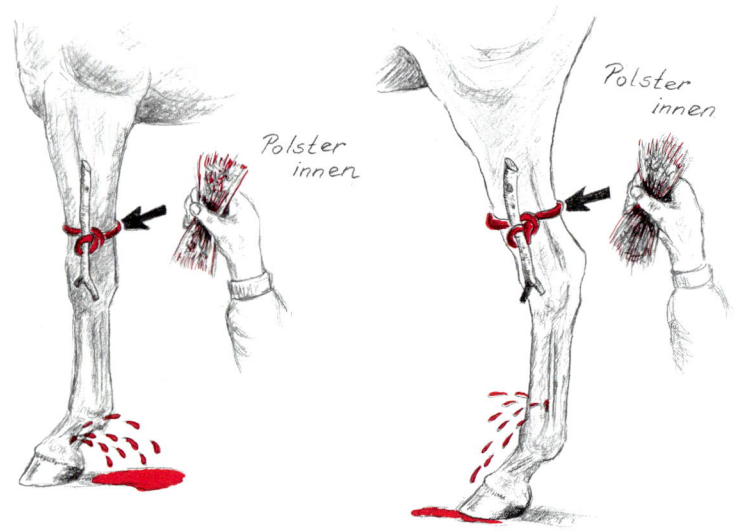

(links):

Das Abschnüren an der Vordergliedmaße geschieht etwa eine Handbreit über dem Vorderfußwurzelgelenk, falls die Blutung zwischen Huf und Vorderfußwurzelgelenk liegt. Irgendein Strick, ein Hosenträger oder Stück eines zerrissenen Oberhemdes wird mit einem Stock zusammengeknotet. Auf der Innenseite muß ein faustgroßes Polster unterlegt werden. Solche Abschnürungen müssen nach zehn Minuten gelöst werden!

(rechts):

An der Hintergliedmaße liegt die Stelle zum Abschnüren oberhalb vom Sprunggelenk, falls die Blutung zwischen Huf und Sprunggelenk liegt. Auch hier muß innen ein faustgroßes Polster unterlegt werden. Die Abschnürung muß nach zehn Minuten gelöst werden.

Verlagerung der Kniescheibe

Die Verlagerung der Kniescheibe kann man auch als ein Verhaken oder eine Verrenkung der Kniescheibe bezeichnen. Sie kann zeitweilig auftreten aber auch ständig. Meistens verlagert sich die Kniescheibe nach oben. Das ist an einer geraden Streckung des Beines zu erkennen; im Extremfall kann das Bein keinen Zentimeter bewegt werden.

Zur Verlagerung kann es beim Ausgleiten auf glattem Boden, Auskeilen, Springen und unsachgemäßem Führen kommen. Die Verlagerung der Kniescheibe ist auf jeden Fall mit einer hochgradigen Lahmheit verbunden. Zur Ersten Hilfe gehen wir so vor, nachdem wir andere Lahmheitsursachen (s. Abbildungen und Bildtexte auf den folgenden Seiten) ausgeschlossen haben:

Maßnahme I: Durch kräftiges Rucken an der Kniescheibe von oben nach unten und von seitlich nach innen und gleichzeitiges Ziehen des Schweifes zu der betreffenden Stelle hin, kann das Pferd plötzlich »wundersam« geheilt werden. Innerhalb weniger Sekunden kann das Pferd wieder normal gehen.

Maßnahme II: Tritt die Verlagerung des öfteren auf, dann sollten Sie Ihr Pferd vom Tierarzt operieren lassen.

Hier liegt die Kniescheibe. Unter ihr befinden sich drei gerade Kniescheibenbänder, von denen eines festhaken kann. Dann hält das Pferd seine Hintergliedmaße unbeweglich gestreckt nach hinten.

Lahmheitsursachen

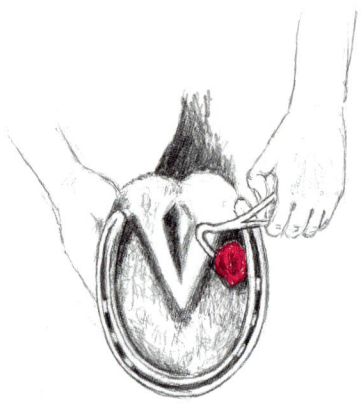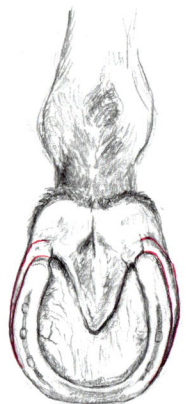

Links:

Eingetretener Stein: Wenn ein Pferd plötzlich lahmgeht, sollte man als erstes die Hufunterseite untersuchen.

Rechts:

Die obere Linie zeigt die Stelle, an der das Hufeisen hätte sitzen müssen. In Abständen von sechs Wochen ist normalerweise ein neuer Hufbeschlag fällig. Hier hatte man zehn Wochen gewartet. Der Huf wächst in seinen vorderen Bereichen (an der Zehe) schneller als am Ballen, daher zieht der wachsende Huf das Eisen nach vorne. Hinten sind also freiliegende Hufteile, die sich über das Eisen schieben. Es kommt zu Quetschungen und Schäden im Hufinneren.

(Seite 57):

Ballenwunde, entstanden durch Angaloppieren mit der eigenen Hinterhand: Manche Pferde neigen dazu, sich in die eigenen Vordergliedmaßen zu treten. Zur Vorbeuge kann man diesen Pferden einen Gummiwulst oder Springglocken anlegen. Der Schmied sollte überprüfen, ob nicht das Hintereisen zu scharfkantig und an der Zehe zu lang ist.

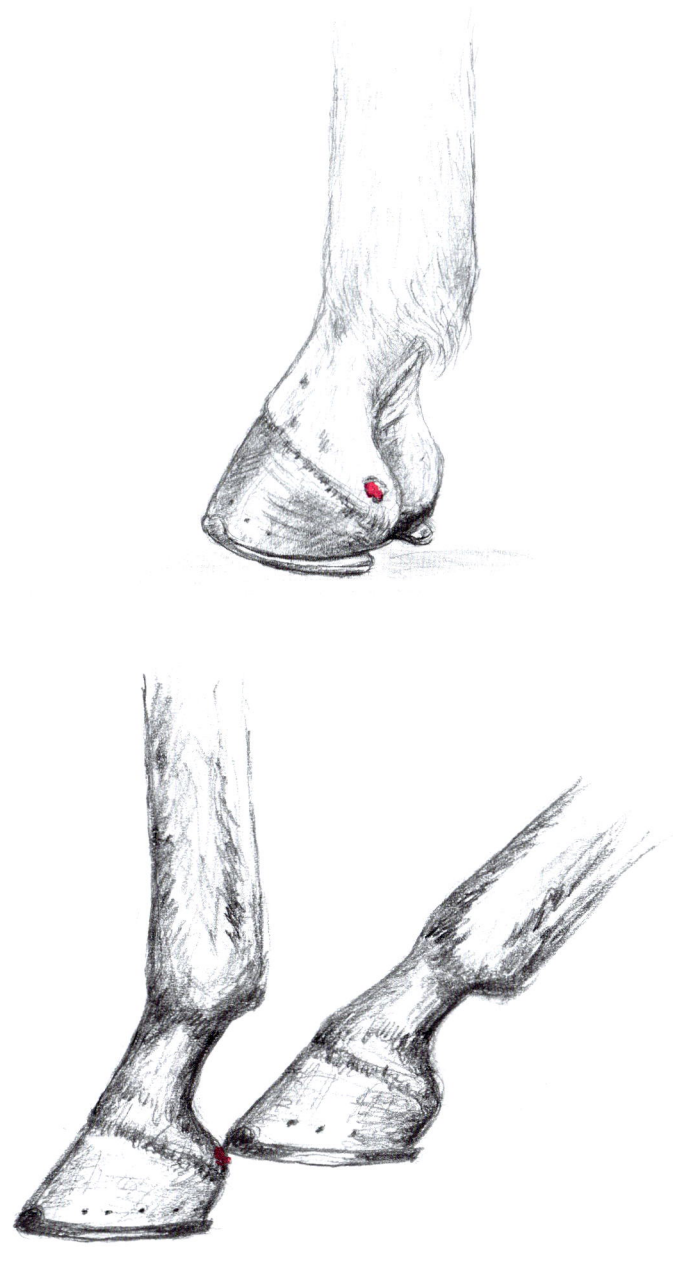

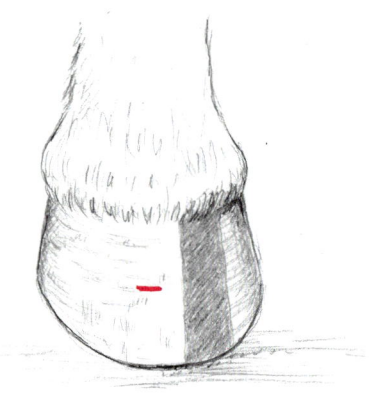

Hornkluft: So bezeichnet man eine horizontale Zusammenhangstrennung in der Hornwand. Hier kann leicht Feuchtigkeit eindringen und die Hornwand von innen her zerstören. Darum fragen Sie Ihren Schmied oder Tierarzt! Gegebenenfalls muß die Hornkluft weiter geöffnet werden. Man sollte versuchen herauszufinden, wodurch die Hornkluft entstanden ist (vorstehende Nägel in der Box, Verletzungen durch die Stollen an einer anderen Gliedmaße).

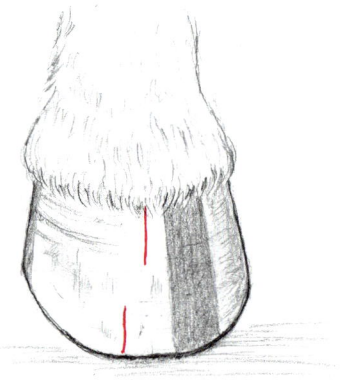

Hornspalten, die von unten nach oben ziehen, sind im allgemeinen harmlos. Man kann versuchen, durch Anbringen einer Querrinne das Weiterreißen aufzuhalten. Eventuell wird der Schmied den Tragrand an dieser Stelle schweben lassen. Unangenehmer ist der Hornspalt, der vom Kronsaum ausgeht. Meist liegt hier eine Kronsaumwunde zugrunde. Der Tierarzt sollte entscheiden, was weiter zu tun ist.

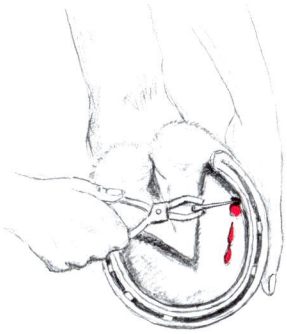

Eingetretener Hufnagel: Wenn der Nagel sich leicht herausziehen läßt, sollte man dies sofort tun. Anderenfalls muß man es den Tierarzt machen lassen. Man sollte sich genau merken, wo und wie tief und in welcher Richtung der Hufnagel gesteckt hat. Je nachdem muß der Tierarzt Antibiotika verabreichen, das Gebiet tiefer ausschneiden oder sonstige Maßnahmen ergreifen. Tetanusvorbeuge ist bei allen Hufverletzungen ganz besonders wichtig.

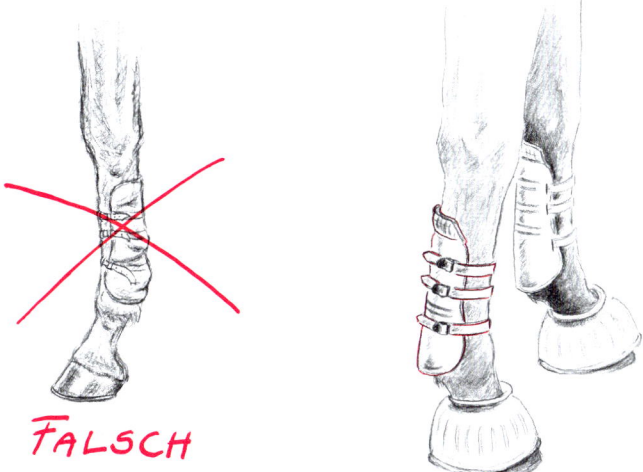

FALSCH

Eine gut sitzende Gamasche muß die Sehnen vor den Hufeisen der Hinterhand schützen. Sie muß also eine sehr feste Oberfläche haben. Eine weiche Ledergamasche schützt die Sehnen nicht. Eine gute Gamasche sollte sich genau der Kontur des Pferdebeines anpassen, möglichst leicht sein und nicht wie ein Schwamm Wasser aufsaugen. Eine durch Wasser schwer gewordene Gamasche behindert den Bewegungsablauf des galoppierenden Pferdes erheblich. Am besten erfüllt alle Anforderungen eine Gamasche, die nach Erwärmung in heißem Wasser dem Pferdebein anmodelliert wird.

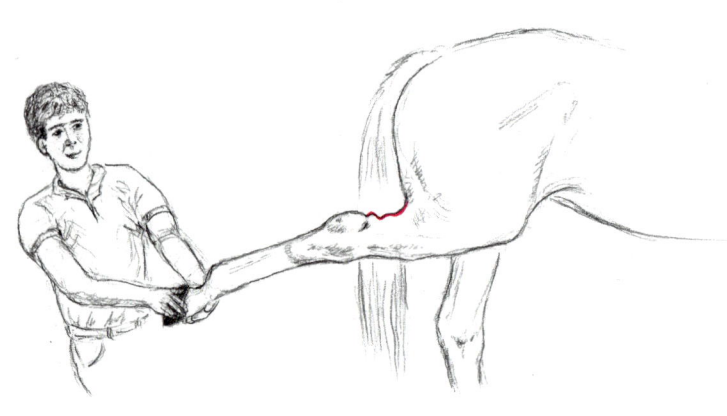

Muskelriß an der Hinterhand: Die Achillessehne liegt geschlängelt, wenn das Bein nach hinten gezogen wird. Der Muskel auf der Gliedmaßenvorderseite ist gerissen und dadurch läßt sich das Bein so anormal nach hinten ziehen. Ist das Pferd nach einem Ausrutscher im Gelände an der Hinterhand lahm geworden, dann muß es nach Hause gefahren werden. Es darf keinesfalls geführt werden.

Mauke – Fesselbeugeentzündung

Bei Mauke handelt es sich um eine flächenhafte Entzündung im Bereich der Fesselbeuge (Farbtafel Seite 183). Sie tritt vorwiegend an den Hinterbeinen bei Pferden mit langem Behang auf. Sie kommt aber bei allen anderen Pferden ebenso vor, wenn diese besonders empfindlich sind und auf Sauberkeit wenig geachtet wird. Vor allem Pferde in schlecht gemisteten, unhygienischen Ställen sind maukeanfällig. Gehäuft tritt Mauke auch in den Herbst- und Wintermonaten auf, wenn die Pferde in nassen, matschigen Ausläufen bewegt oder laufengelassen werden.

Maßnahme I: Stellen Sie zuerst die Ursache ab; verwenden Sie nur besonders trockene Einstreu und schicken Sie die Pferde nicht mehr in einen matschigen Auslauf.

Maßnahme II: Reinigen Sie mit einem sauberen Handtuch die Fesselbeuge.

Maßnahme III: Tragen Sie in den ersten Tagen zweimal täglich, dann einmal täglich austrocknende und desinfizierende Salben auf, z. B. Entozon®-, Zinklebertransalbe oder Althosolöl. Meistens wird die Behandlung durch Ihren Tierarzt notwendig, um eine aufsteigende Infektion oder einen sogenannten Einschuß zu verhindern.

Piephacke

Als Piephacke bezeichnet man jede Anschwellung des Fersenhöckers am Sprunggelenk. Sie entsteht häufig durch Schlagen gegen die Wand oder andere äußere Einwirkungen. Bei einer Piephacke kann es vorkommen, daß das Pferd geringgradig lahmt. Handelt es sich jedoch um eine hochgradige Lahmheit, so sollte der Tierarzt zur Klärung der Ursache herangezogen werden.

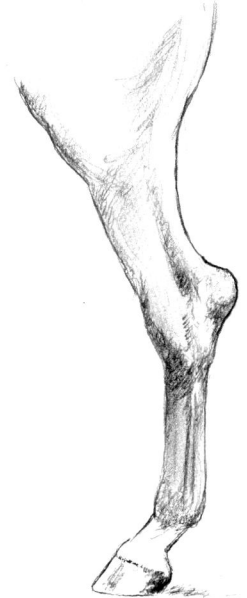

Die Piephacke ist nicht nur eine Verunstaltung, sie kann auch zu geringgradiger Lahmheit führen.

Maßnahme I: Massieren Sie täglich und zwar 14 Tage lang eine heparinhaltige, entzündungshemmende Salbe ein.

Maßnahme II: Verhindern Sie, daß das Pferd sich beim Schlagen verletzt, indem Sie in Höhe des Hüfthöckers einen Querbalken oder eine Polsterung in der Box anbringen:

a) Man befestigt eine zehn Zentimeter dicke Latte in Höhe des Buggelenkes und hängt einen festen Teppich daran. Das zwischen Teppich und Wand entstehende Luftpolster schwächt den Schlag ab.

b) In Schlaghöhe hängt man in der Box ringsum alte, kostenlos beim Reifenhändler zu bekommende Autoreifen auf.

Maßnahme III: Ist die Piephacke nach 14 Tagen nicht abgeheilt, dann massiert man zweimal täglich zwei Wochen lang eine 50prozentige Ichthyolsalbe kräftig ein.

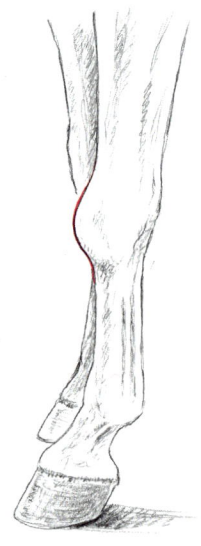

Karpalbeule = Schwellung am Vorderfußwurzelgelenk. Diese Verletzung entsteht durch Gegenschlagen an Hindernisse beim Springen oder durch Nach-vorne-Ausschlagen beim Fressen wegen Futterneides in der Box.

Merke: Unter der Krippe sollte freier Raum sein. Krippen schraubt man darum in die Ecke und mauert sie nicht auf Betonsockel. Pferde, die häufig gegen die Wände klopfen, müssen eine gepolsterte Box haben! Hängen Sie Autoreifen an der Wand auf!

Ellbogenbeule

Bei der Ellbogenbeule – auch Stollbeule oder Liegebeule genannt – handelt es sich um eine Umfangsvermehrung im Bereich des Ellbogenhöckers. Sie kann ein- oder beidseitig auftreten. Ursache für eine solche Veränderung ist das Liegen auf hartem Boden bei Pferden mit Stollen an den Hufeisen oder zu langen Hufeisen-Schenkeln. Werden die Pferde in zu engen Boxen gehalten, kommt es häufiger zu Ellbogenbeulen. Die Behandlung sollte zuerst die Ursache abstellen. Tritt eine Lahmheit auf, muß das Pferd dem Tierarzt vorgeführt werden. Ältere Ellbogenbeulen sind oft nur Schönheitsfehler und schränken den Gebrauch des Pferdes nicht ein.

Merke: Unebenheiten in der Box müssen beseitigt, Betonstufen müssen abgetragen werden, bevor man ans Einstreuen geht. Mit Matratzeneinstreu sind solche Unebenheiten nicht auf Dauer zu beseitigen.

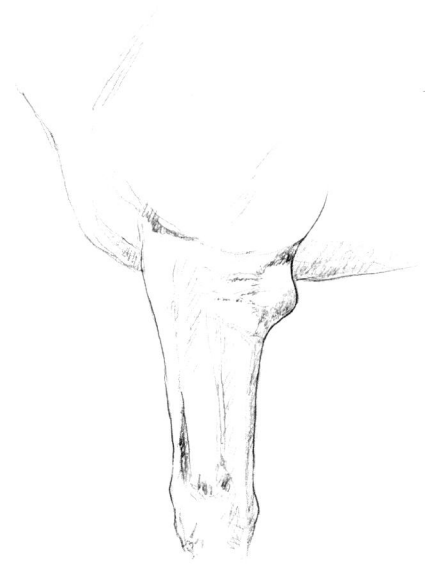

Ellbogenschwellung: Der Schleimbeutel über dem Ellbogenhöcker entzündet sich, Ursache: Betonkanten oder hochgescharrte Steine in der Box.

Sehnenentzündung

Durch Überanstrengung entsteht an der Rückseite der Gliedmaßen – meist vorne – zwischen Vorderfußwurzelgelenk und Fessel-
bein eine Schwellung. Der aufmerksame Reiter durchtastet nach
jeder Belastung an der aufgehobenen Gliedmaße diese Sehnen-
stränge. An der Reaktion des Pferdes wird er rechtzeitig feststellen, ob eine Entzündung vorliegt. Auch wenn das Pferd noch nicht
lahmt, ist eine Behandlung erforderlich. Fragen Sie Ihren Tierarzt
und legen Sie einen Enelbinschwitzverband an:

Maßnahme I: Tragen Sie auf den erkrankten Bereich messer-
rückendick Enelbin® auf.

Maßnahme II: Legen Sie eine Plastikfolie darüber.

Maßnahme III: Um die Plastikfolie wird eine Watte-Polsterung
gelegt und dann alles bandagiert.

Maßnahme IV: Nehmen Sie den Verband nach anderthalb
Tagen ab, waschen Sie das Bein und lassen Sie das Pferd einen Tag
ohne Enelbinverband stehen. Dann legen Sie wieder einen Enel-

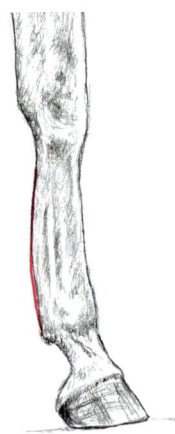

Hochgradiger Sehnenschaden mit Lahmheit. Wenn erst einmal ein solcher Schaden eingetreten ist, kommt meist alle Hilfe zu spät. Vorbeugemaßnahmen sind
wichtig: vernünftiges Training über Monate, kein Überfordern im Gelände.

binverband an. Spätestens dann, wenn nach dem vierten Enelbin-verband noch immer eine deutliche Schwellung erkennbar ist, sollten Sie erneut Ihren Tierarzt zu Rate ziehen. Eventuell braucht das Pferd eine längere Ruhepause und Wärmeeinreibun-gen oder eine Injektion direkt in die Sehne.

Treffen Sie vorbeugende Maßnahmen:
a) Die Hufzehe sollte zumindest alle sechs Wochen gründlich gekürzt werden.
b) Fordern Sie am Wochenende große Leistungen von Ihrem Pferd nicht ohne vorheriges, tägliches, ausreichendes Training.
c) Veranlassen Sie das Pferd beim Reiten durch treibende Hilfen zum Untertreten.
d) Massieren Sie vier Wochen lang täglich nach dem Reiten ein Wärmereizmittel, z.B. Absorbine®, Kampfersalbe oder ein jodhaltiges Mittel, ein.
e) Arbeiten Sie untrainierte Pferde nicht auf zu tiefem Boden.

Überbeine an der Röhre

Bei Überbeinen handelt es sich um eine Verknöcherung zwischen Griffel- und Röhrbein. Meist sind sie auf der Innenseite der Vorderbeine zu finden.
Bei jungen, erst wenige Wochen angerittenen Pferden sind sie nur dann gefährlich, wenn sie unsichtbar von außen nach innen unter den Fesselträger wachsen. Ein deutlich sichtbares Überbein ist also weniger problematisch als ein kaum sichtbares, aber bei Druck schmerzhaftes Überbein.
Werden Überbeine früh genug erkannt, können sie vom Tier-arzt behandelt werden, so daß sie in vielen Fällen wieder ganz verschwinden.
Bei einem deutlich sichtbaren, nach außen wuchernden Über-bein sollten Sie so vorgehen:
Maßnahme I: Reiten Sie das Pferd 14 Tage nur im Schritt oder führen Sie es.

Maßnahme II: Verringern Sie die Futterration, damit das Pferd ruhig bleibt.

Maßnahme III: Reiben Sie täglich einmal eine Wärmereizsalbe ein, die z. B. Kampfer, Jod u. ä. enthält.

Maßnahme IV: Sorgen Sie für regelmäßige Hufkorrektur. Eine unkorrekte Beinstellung provoziert geradezu die Entstehung von Überbeinen.

Maßnahme V: Erwägen Sie, ob Sie Ihr Pferd beim Anreiten überfordert haben. Im Idealfall hätten Sie so vorgehen sollen: Mehrere Wochen ohne Reiter aber mit Sattel longieren. Dann sollte ein leichter Reiter täglich nur zehn Minuten aufsitzen. Eine Steigerung darf nur sehr allmählich erfolgen.

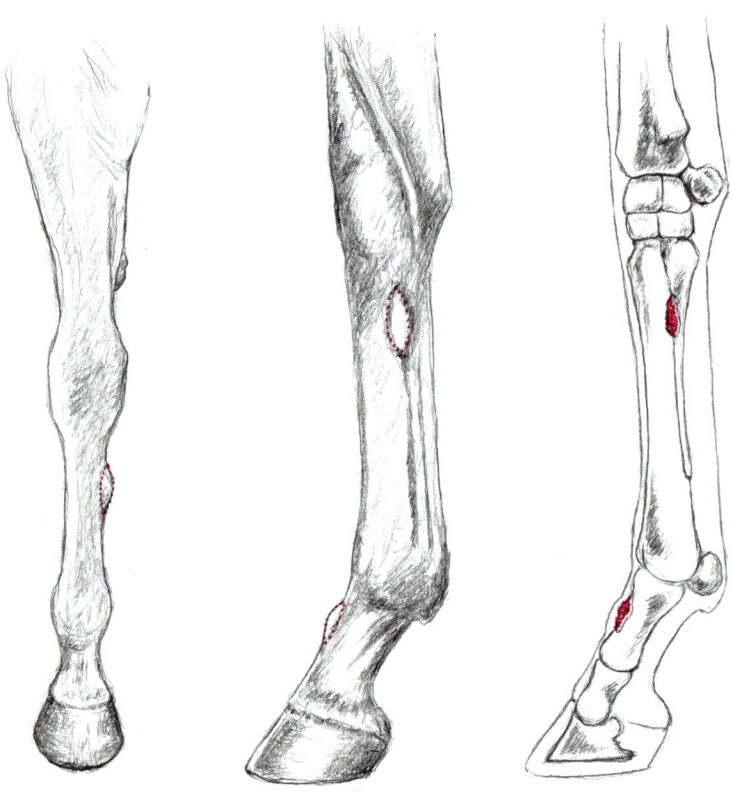

Überbeine

Überbeine allgemein: Man versteht unter einem Überbein im allgemeinen jede Knochenwucherung. Meist entsteht sie durch eine äußere Einwirkung, wie z. B. durch einen Schlag. Ein Überbein ist harmlos, wenn es wie auf unseren Zeichnungen nicht in Gelenknähe liegt und wenn es nicht unmittelbar auf eine Sehne oder einen Nerv drückt. Es ist dann problematisch, wenn es die Beweglichkeit eines Gelenkes stört.

Bei jeder Beinschwellung sollte man der Ursache nachgehen.

Maßnahme I: Die Schwellung muß überprüft werden auf Wärme und Druckempfindlichkeit sowohl beim stehenden Pferd als auch an der aufgehobenen Gliedmaße.

Maßnahme II: Eine druckempfindliche, warme Stelle bekommt einen Kühlverband, der zwei Tage lang dreimal täglich mit kaltem Wasser oder einer Rivanollösung angegossen wird.

Maßnahme III: Ist die Schwellung nach zwei Tagen fast vollständig verschwunden, handelt es sich nicht um eine Knochenwucherung. Dann sollte noch drei Tage lang Heparinsalbe aufgetragen werden.

Maßnahme IV: Ist die Schwellung noch unverändert, konsultieren Sie den Tierarzt oder nehmen Sie selbst eine Beugeprobe vor.

Reiten im Schnee

Klumpt der Schnee zwischen Hufeisen und Hufsohle, dann stolpert das Pferd, da eine plane Fußung des Hufes nicht mehr möglich ist.

Abhilfe: Stülpen Sie einen selbstgebastelten Stoffschuh über den Huf oder pinseln Sie die Sohle dick mit Huffett ein. Sie können auch den Raum zwischen den Eisenschenkeln mit einem Gummischwamm auspolstern; der ist als Maurerzubehör erhältlich und kann mit einer Schere zurechtgeschnitten werden. Falls Sie häufig bei Schnee ausreiten wollen, können Sie vom Schmied eine Gummieinlegesohle zwischen Huf und Eisen nageln lassen. Bewährt hat sich auch Hufgrip, eine elastische Gummiwulst zwischen Horn und Eisen, die den Schnee bei jedem Schritt wegschleudert.

Krankheiten des Kopfes und des Rumpfes

Kreuzverschlag

Der auch als Feiertagskrankheit bekannte Kreuzverschlag entsteht kurz nach dem Beginn der Arbeit meist bei kühler Witterung, wenn das Pferd einige Ruhetage bei voller Fütterung verbracht hat.

Bereits nach den ersten hundert Metern geht das Pferd mit der Hinterhand plötzlich ganz steif. Es folgen Muskelzittern und das Einknicken in den Gelenken der Hinterhand. Schließlich stürzt das Pferd zu Boden, wenn es trotz der auftretenden Erscheinungen noch geritten wird.

Maßnahme I: Sitzen Sie sofort ab! Führen Sie das Pferd auf keinen Fall nach Hause.

Maßnahme II: Legen Sie auf Rücken- und Lendengegend eine warme Decke. Für den Notfall reicht auch Ihre Reitjacke aus.

Maßnahme III: Bringen Sie das Pferd mit dem Transporter nach Hause und rufen Sie sofort den Tierarzt an.

Maßnahme IV: Sorgen Sie für Wärme auf dem Rücken bis zum Eintreffen des Tierarztes. Kochen Sie zehn Pfund Kartoffeln in einem Sack und legen Sie diesen – mit einer Decke als Unterlage – auf die Lendengegend des Pferdes. Die Decke darunter ist unbedingt nötig, um den Rücken des Tieres nicht zu verbrennen.

Maßnahme V: Geben Sie dem Pferd kein Kraftfutter!

Kreuzverschlag: Ursache: zu viel Kraftfutter. Behandlung: Einreiben der Kruppe und Lendenmuskulatur mit einem Wärmereizmittel, z. B. Finalgon®.

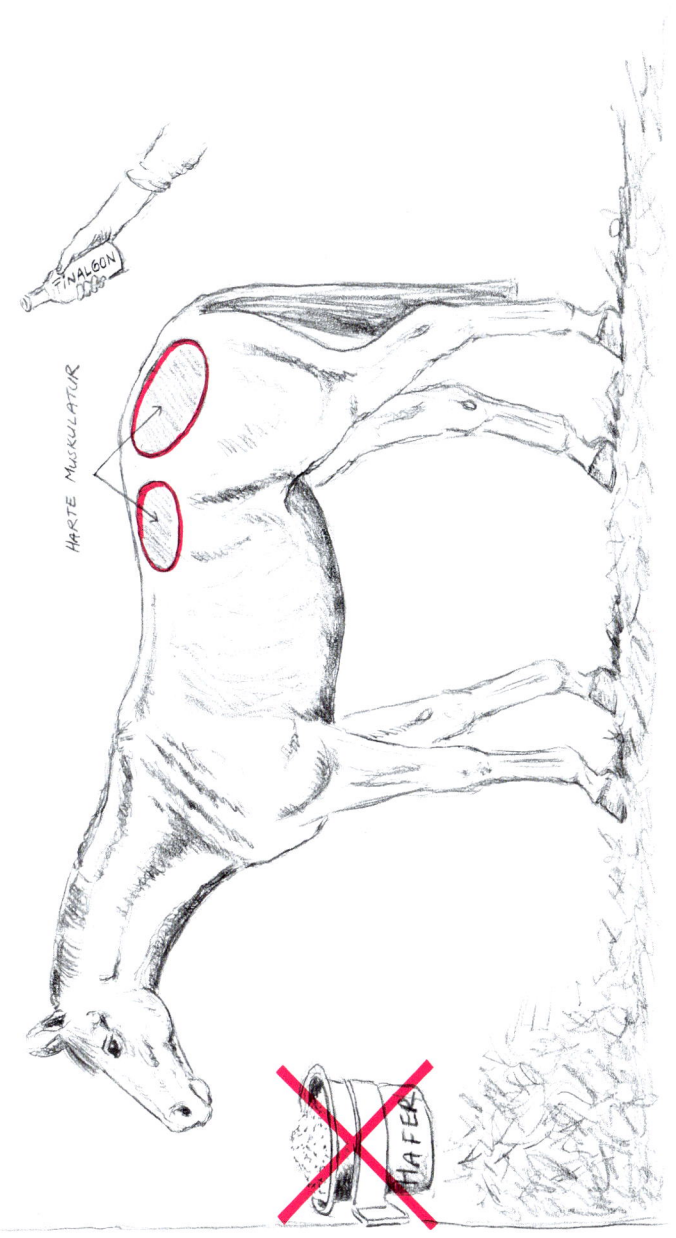

HARTE MUSKULATUR

FINALGON

HAFER

Stark blutende Wunden

Spritzende Blutungen am Kopf und Rumpf

Bei stark spritzenden Wunden ist meist eine Arterie verletzt, aus der das Pferd sehr viel Blut verliert. Lebensgefahr besteht nur dann, wenn das Pferd mehr als einen Eimer Blut verliert.

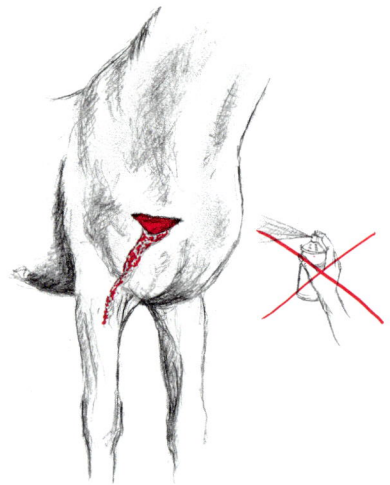

Wenn das Blut aus einer Wunde nur herauströpfelt und nicht herausspritzt, sollte man die Wunde gar nicht anfassen. Sprühen Sie auch kein Medikament auf, sondern benachrichtigen Sie den Tierarzt schnell. In der Zwischenzeit muß dafür gesorgt werden, daß kein Staub in die Wunde kommt.

(Seite 71, links):

Arterienwunde in der Fesselbeuge, entstanden im Gelände: Als erstes wird ein Gürtel zur Abschnürung oberhalb des Vorderfußwurzelgelenkes benutzt. Mit einem Stock wird die Schnürung stramm gezogen. Das Hemd wird in Streifen gerissen und die Streifen werden wie eine Bandage aufgerollt.

(Seite 71, Mitte):

Mit einem Stück Hemdenstoff wird die Abschnürung festgebunden.

(Seite 71, rechts):

Nun erfolgt der eigentliche Wundverband – natürlich nur als Notverband bis zum Eintreffen des Tierarztes, der dann eine sterile Wundauflage anbringt.

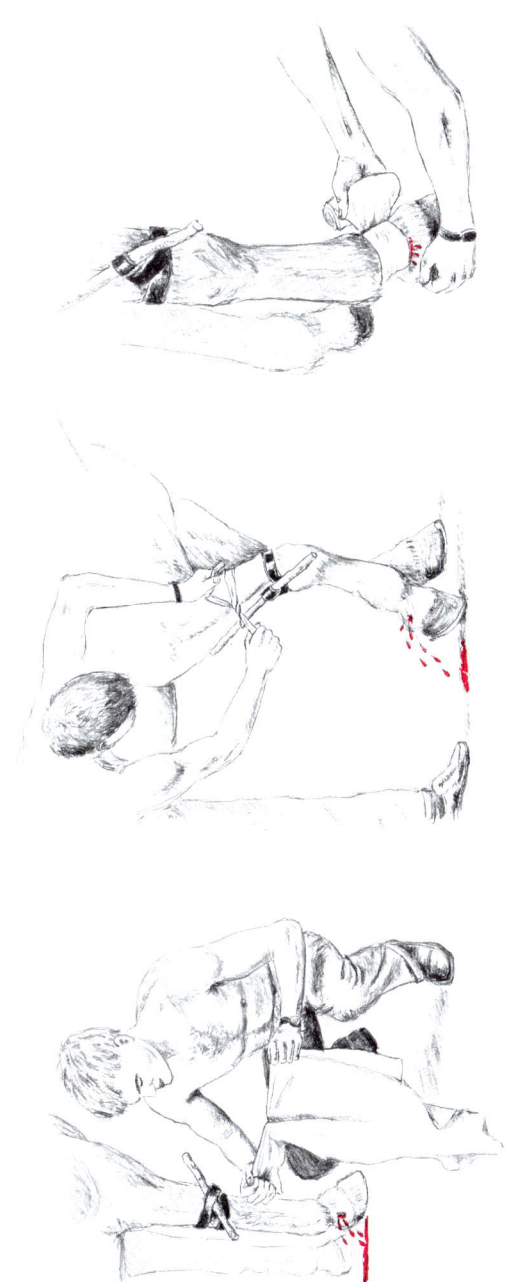

Wichtig: Verlieren Sie bei einer blutverschmierten Box nicht gleich den Kopf! Handeln Sie mit Überlegung!

Maßnahme I: Legen Sie einen möglichst sauberen Lappen auf die blutende Wunde und bandagieren Sie ihn fest. Bei stark blutenden Wunden ist schnelles Handeln wichtiger als Sterilität. Eventuell kann ein schnell ausgezogenes Hemd oder ein gefaltetes Badetuch helfen.

Maßnahme II: Gelingt es dadurch nicht, die Blutung zum Stillstand zu bringen, fassen Sie in die Wunde hinein und versuchen Sie, durch kräftigen Daumendruck die Arterie zusammenzupressen, aus der das meiste Blut spritzt – und zwar bis zum Eintreffen des Tierarztes, der so schnell wie möglich herbeigerufen werden muß.

Maßnahme III: Wenn die Blutung durch die Textilauflage hindurchzusickern droht, kann man als Wundauflage eine mit Heu oder Lappen prall gefüllte Plastikeinkaufstüte oder einen Müllsack fest auf die Wunde drücken.

Stichverletzungen

Hat sich ein Pferd durch einen tief im Rumpf steckenden, großen Gegenstand verletzt, dann ziehen Sie diesen nicht heraus! Es könnten sonst stärkere Blutungen entstehen. Rufen Sie sofort den Tierarzt. Halten Sie vor allem den Blutverlust so gering wie möglich. Pressen Sie Ihre Hände auf die Umgebung der Wunde, bis kein Blut mehr fließt. Versuchen Sie eventuell, einen Druckverband anzulegen.

Solche Verletzungen können entstehen, wenn z. B. ein in Panik geratenes Pferd gegen einen Jägerzaun rennt, dabei Holzstücke in die Schulter eindringen und abbrechen.

Satteldruck

Satteldruck entsteht oft dann, wenn der Sattel nach hinten rutscht und sich beim Reiten nach rechts und links verschiebt. Betroffen sind zumeist Pferde mit einer schlechten Sattellage. Beim Kauf eines Pferdes sollte man sich fragen, ob es sinnvoll ist, sich solch ein Problem einzuhandeln.

Kennt man sich mit den erwünschten Merkmalen eines Pferdes nicht gut aus, sollte man beim Pferdekauf immer einen zuverlässigen Berater hinzuziehen.

Falls Sie ein Pferd mit einem wenig ausgeprägten Widerrist und darum einer schlechten Sattellage haben, empfiehlt es sich, ein sogenanntes Vorderzeug zu benutzen, so daß der Sattel nicht nach hinten rutschen kann. Ebenso kann man einen Vorgurt verwenden, damit der Sattel in der richtigen Lage gehalten wird. Satteldruck kann auch entstehen bei einem Sattel, der dem Pferderükken nicht angepaßt wurde, und bei einem gebrochenen Sattelbaum.

Reiten Sie so lange nicht, bis der Satteldruck völlig ausgeheilt ist. Danach benutzen Sie erst einmal einen flach und nicht neu aufgepolsterten Sattel, damit sich das Reitergewicht gleichmäßig auf den Pferderücken verteilt. Legen Sie eine dicke Satteldecke unter, die an der ehemaligen Druckstelle trichterförmig ausgeschnitten ist, damit die vielleicht noch etwas schmerzende Stelle nicht vom Sattel belastet wird. Tragen Sie dort keinesfalls eine Wundauflage oder ein anderes Polster auf. Unter die Satteldecke legen Sie zusätzlich eine weiche, dünne Decke, die Sie oft waschen und wechseln. Hilfreich kann auch die Verwendung eines Gelpads sein.

Verletzungen durch Karabinerhaken

Werfen Sie Karabinerhaken fort, die nicht mehr richtig schließen. Karabinerhaken können sich bei ruckartigem Kopfschlagen des Pferdes öffnen und zu schweren Verletzungen bei Mensch und Tier führen. Gelegentlich ist auf dem Turnierplatz zu beobachten, daß Tränkeimer mit schlecht schließenden Karabinerhaken aufgehängt werden. Es ist besser, den Eimer mit einem Bindfaden zu befestigen.

Verletzungen durch vorstehende Nägel

Besondere Gefahren lauern in der Box, wenn diese mit Holz ausgekleidet ist. Vor allem, wenn die Bretter in der Box mit einfachen Nägeln befestigt sind, können diese durch Gegenschlagen hervorkommen. Es ist sinnlos, diese Nägel ins Holz zurück zu treiben, da sie bald wieder hervorstehen und das Pferd verletzen können. Am besten zieht man diese Nägel heraus und verwendet statt dessen sogenannte Drallschlagnägel. Sie sind unterhalb des Kopfes nicht glatt, sondern haben eine Art Gewinde, und lösen sich nicht, wenn das Pferd dagegen schlägt.

Ein freistehender Wasserhahn in der Stallgasse kann zur Unfallursache werden. Jede vorstehende Kante sollte geschützt werden: Der Kran z. B. durch einen Metallbügel (wie Bild) oder dadurch, daß man einen Autoreifen darüberhängt.

Zahnhaken

Verweigert das Pferd das Futter und ist diese Erscheinung von Tag zu Tag stärker zu beobachten, dann besteht der Verdacht, daß sich auf der Außenseite der Oberkieferschneidezähne Zahnhaken gebildet haben. Das Pferd kaut das Rauhfutter in daumengroße

74

Röllchen zusammen, die dann aus dem Maul herausfallen und z. B. in der Krippe gefunden werden. Daher sollten Sie einmal im Jahr den Tierarzt rufen und die Zahnhaken beseitigen lassen.

Der Tierarzt beseitigt die Zahnhaken mit der Zahnraspel. Übergeht man die zumindest einmal im Jahr fällige Zahnkontrolle, dann können erhebliche Veränderungen entstehen, die sich am stehenden Pferd oft nicht beheben lassen. U.U. ist ein Eingriff unter Narkose nötig.

Heftiges Atmen

Das ruhige, erwachsene Pferd macht acht bis zwölf Atemzüge in der Minute. Das jüngere Pferd hat eine Atemfrequenz zwischen 20 und 30 Atemzügen pro Minute.

Bei höheren Temperaturen und nach dem Fressen steigt die Atemfrequenz grundsätzlich an.

Eine erhöhte Atemfrequenz kann freilich auch darauf hinweisen, daß ein an Kälte gewöhntes Pferd in einen zu warmen Stall gebracht wurde.

Falsche Fütterung kann ebenfalls zu erhöhter Atemfrequenz führen. Lassen Sie die Futterration von einem Fachmann untersuchen.

Erhöhte Atemfrequenz tritt oft bei Fieber auf. Also: Fiebermessen!

Nasenbluten

Bei Blutungen aus der Nase kann es sich um örtlich bedingte Blutungen handeln, die durch Verletzungen oder eingedrungene Gegenstände entstehen, oder, was viel häufiger vorkommt, um eine chronische Erkrankung der Lunge.

Sehr häufig wird das Nasenbluten bei Vollblütern beobachtet, die auf der Rennbahn laufen.

Maßnahme I: Tritt die Blutung bei intensiver Galopparbeit auf, halten Sie sofort an.

Maßnahme II: Lösen Sie den Sattelgurt.

Maßnahme III: Lassen Sie die Zügel lang und sorgen Sie dafür, daß das Pferd den Kopf tief hält, damit sich möglichst wenig Blut in der Lunge ansammelt.

Maßnahme IV: Führen Sie das Pferd erst nach Hause, nachdem die Blutung aufgehört hat.

Maßnahme V: Benachrichtigen Sie den Tierarzt.

Merke: Einige Tröpfchen Blut aus einer Nüster sind harmlos. Fließt Blut dagegen in großen Mengen, dann kann dieses in der Lunge den Gasaustausch behindern und zu erheblicher Erhöhung der Atemfrequenz führen. In einem solchen Fall ist tierärztliche Hilfe so schnell wie möglich herbeizuholen.

Kolik

Als Kolik werden auffällige Schmerzäußerungen bezeichnet, die verschiedene Ursachen haben können. Die Erkrankung, die sich hinter einer Kolik verbirgt, muß vom Tierarzt festgestellt und behandelt werden.

Wertvolle Hilfe kann der Pferdebesitzer leisten, indem er dem Tierarzt mitteilt, welches Verhalten des Pferdes er beobachtet hat.

Je länger eine Kolik andauert und unbehandelt bleibt, desto größer wird die Lebensgefahr für das Pferd.

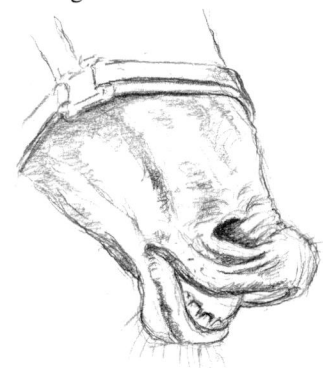

Das Flehmen als Anzeichen für eine Kolik

Eine leichte Kolik äußert sich vielfach nur in geringem Scharren – ob nun mit dem linken oder dem rechten Bein. Das Pferd hält den Kopf eigenartig tief. Bereits bei diesen Anzeichen ist der Tierarzt zu rufen. Nicht warten, bis aus einer harmlosen eine hochgradige Kolik geworden ist!

Merke diese Krankheitsanzeichen: Flehmen, Unruhe, Scharren, Schwitzen, Wälzen, sich nach dem Bauch umsehen

A) Sehr eiliger Fall – es geht um Minuten:

Maßnahme I: Zeigt das Pferd heftige Kolikerscheinungen, schwitzt es stark, wälzt es sich, steht es in einminütigen Abständen auf, um sich sogleich wieder hinzuwerfen, dann besteht akute Lebensgefahr! Rufen Sie sofort den Tierarzt. Versuchen Sie, das Pferd zu führen.

Maßnahme II: Bringen Sie das Pferd in eine Umgebung, wo es sich nicht festlegen kann, z. B. in die Reithalle.

Maßnahme III: Massieren Sie den Bauch mit Stroh, da die Gefahr einer lebensbedrohenden Darmverschlingung besteht.

Sieht sich das Pferd nach rechts um, liegt wahrscheinlich eine Blinddarmaufgasung vor.

Maßnahme I: Beobachten Sie den Blinddarmkopf! Ist die rechte Hungergrube weniger tief eingesunken als die linke, dann liegt eine Aufgasung des Blinddarmkopfes vor. Das bedeutet akute Lebensgefahr für Ihr Pferd!

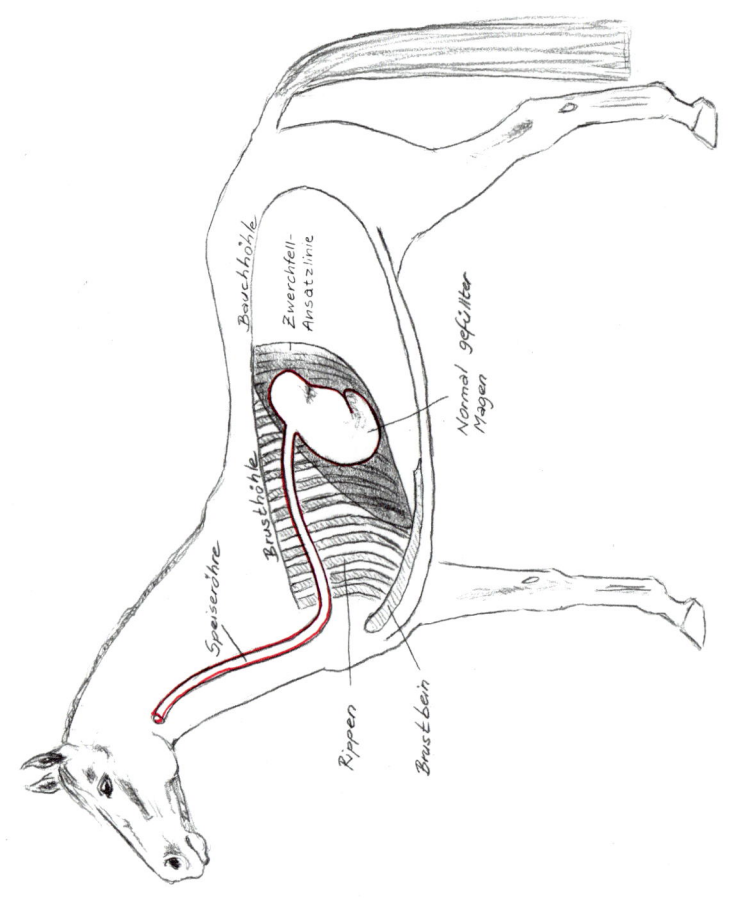

Speiseröhre

Brusthöhle

Bauchhöhle

Zwerchfell-
Ansatzlinie

Normal gefütter
Magen

Rippen

Brustbein

Abb. 58:

Der Pferdemagen ist verhältnismäßig klein. Er ist nicht auf drei große Mahlzeiten pro Tag eingerichtet, sondern auf viele kleine Mengen, die sich im Idealfall auf 15 Stunden verteilen. Zu hastig gefressene große Futterrationen oder ungeeignetes Futter führen zu Magenüberfüllungen und schweren Koliken.

Maßnahme II: Teilen Sie ihrem Tierarzt diese Beobachtung am Telefon mit. Er wird sich sehr beeilen. Eventuell muß er mit einem Trokar einen Blinddarmstich vornehmen.

Maßnahme III: Legen Sie Ihrem Pferd einen Maulkorb auf. Führen Sie es so lange, bis der Tierarzt eintrifft. Lassen Sie warmes Wasser und ein Handtuch bereitstellen. Rufen Sie eine oder zwei kräftige Personen zum Helfen. Lassen Sie das Pferd weder fressen noch saufen.

B) Weniger eiliger Fall:

Merkmale: Bereits über Stunden bestehen geringgradige Kolik-

Das Kolikpferd: Gelegentliches Hinlegen und das Aufstehen nach einigen Minuten sind die ersten Anzeichen einer leichten Kolik. Man sollte dem Tierarzt am Telefon sofort eine genaue Beschreibung geben. Er kann am besten beurteilen, ob er alles stehen und liegen lassen muß, um sofort zu dem kranken Pferd zu kommen, oder ob er erst noch die begonnene Behandlung bei einem anderen Patienten beenden kann.

anzeichen. Schaut sich das Pferd gelegentlich nach links um, so liegt der Verdacht einer Futterverklumpung (Anschoppung) nahe.

Maßnahme I: Lenken Sie das Pferd durch Führen, nicht aber durch Longieren ab.

Maßnahme II: Legen Sie dem Pferd einen Maulkorb auf, da es in Phasen mit geringerem Schmerz Futter aufnehmen will (s. Kapitel »Basteln eines Maulkorbes«).

Maßnahme III: Bieten Sie dem Pferd Wasser an.

Maßnahme IV: Verständigen Sie den Tierarzt!

Das Kolikpferd: Anschoppungen im Dickdarm sind meist nicht so eilig, es kommt nicht auf Minuten an. Das Pferd stellt die Gliedmaßen weit auseinander, um dadurch den Bauchraum zu vergrößern.

(Seite 81, unten):

Das Kolikpferd: Wenn das Pferd die Beine weit auseinanderstellt und sich zu einer Seite umschaut, kann das dem Tierarzt ein Hinweis sein: Die Schmerzursache liegt auf der linken Seite.

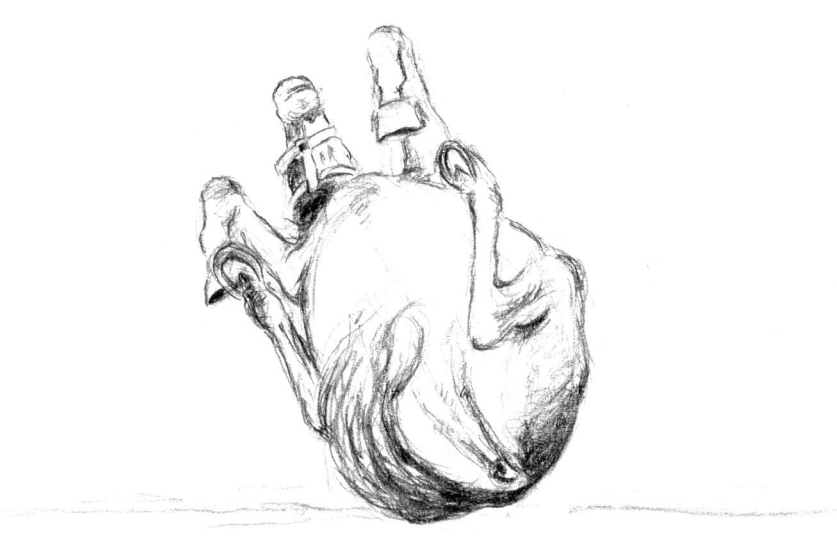

Das Kolikpferd: Häufiges Wälzen über den Rücken stellt ein alarmierendes Kolikanzeichen dar. Höchste Eile ist geboten! Tierarzt rufen!

Liegt das Pferd viel und schaut es sich nach der Seite um, deutet das auf eine Dickdarmanschoppung hin. Tierärztliche Hilfe ist nicht innerhalb weniger Minuten erforderlich.

Schlundverstopfung

Wenn Ihr Pferd sehr hastig Äpfel oder unzureichend aufgeweichte Rübenschnitzel gefressen hat, dann können sich große Teile in der Speiseröhre festsetzen. Frißt das Pferd dann weiter oder schluckt es den sich ständig im Maul bildenden Speichel ab, dann können leicht Futterteile in die Luftröhre gelangen und die Bronchien verstopfen. Es kann akute Lebensgefahr bestehen. Das Pferd wird husten.

Maßnahme I: Bei plötzlichem Nasenausfluß und Speichelfluß nach dem Fressen müssen Sie jegliches Futter wegnehmen.

Maßnahme II: Benachrichtigen Sie sofort den Tierarzt. Schildern Sie ihm genau die Krankheitserscheinungen. Er wird sich sehr beeilen.

Maßnahme III: Massieren Sie die linke Halsseite, denn hier verläuft die Speiseröhre. Eventuell können Sie das festgeklemmte Stück nach oben massieren.

Maßnahme IV: Verfüttern Sie niemals Trockenschnitzel, ohne sie vorher mindestens fünf Stunden in viel Wasser eingeweicht zu haben! Lassen Sie niemals Besucher an diese Trockenschnitzel!

Häufig gibt der nur Weihnachten im Pferdestall erscheinende, liebevolle, aber ahnungslose Besuch den Pferden eine Handvoll des herumstehenden Futters, ohne auch nur im Geringsten die Folgen zu ahnen.

Durchfall beim erwachsenen Pferd

Die Ursachen für das Auftreten von Durchfall beim Pferd können mannigfaltig sein. Der Grund kann zu suchen sein im gerade vorgenommenen Futterwechsel, im Stallwechsel oder im Austreiben der Pferde für die Weidesaison. Mancherlei Ansteckungskrankheiten können außerdem für den Durchfall verantwortlich sein.

Denken Sie auch darüber nach, ob z. B.
  – der Salzleckstein zerkaut anstatt nur abgeleckt wurde,
  – das Pferd Zugang zu großen Mengen Obst hatte,
  – die Futtermittel angefroren waren.

All dies kann Ursache für den Durchfall sein. Lassen Sie das Pferd keinesfalls weiter an Obst, gefrorene Möhren o. ä. herankommen.

Tritt nach Verabreichung eines Durchfallmittels innerhalb eines Tages keine Besserung ein, dann sollten Sie den Tierarzt konsultieren. Wahrscheinlich rät er u. a. zu einer Kotprobe.

Maßnahme I: Entnehmen Sie möglichst steril eine Kotprobe (saubere Plastiktüte benutzen!) und lassen Sie die Probe durch den Tierarzt im Labor auf Salmonellen untersuchen.

Maßnahme II: Lassen Sie eine weitere Kotprobe (einen Teelöffel voll) auf parasitäre Formen, z. B. Palisaden- und Spulwurmeier, untersuchen.

Sollte der Durchfall durch Würmer verursacht sein, beginnt die Behandlung mit dem Verabreichen eines geeigneten Wurmmittels. Dem schließen sich Hygienemaßnahmen im Stall und auf der Weide an.

Druse – Schwellung der Kehlgangslymphknoten

Druse ist eine weltweit verbreitete Erkrankung, die verstärkt Fohlen, aber auch ältere Pferde befällt. Diese Krankheit ist besonders ansteckend und wird oft von hohem Fieber (ca. 40° C) begleitet. Die Pferde saufen und fressen unlustig, haben einen trockenen Husten, erst einen wäßrigen, bald einen eitrigen Nasenausfluß. Deutlich geschwollen und vermehrt warm sind die Kehlgangslymphknoten; das kann man fühlen.

Um eine Übertragung auf andere Pferde zu vermeiden, muß das Pferd von seinen Stall- oder Weidegenossen getrennt werden. Alle Geräte, wie etwa Eimer und Putzzeug, aber auch Kleidungsstücke, wie die Arbeitskittel des Personals, dürfen nach Kontakt

Beim Drusepferd sind die Kehlgangslymphknoten deutlich geschwollen.

mit dem erkrankten Pferd nicht mehr mit den anderen Tieren in Berührung kommen.

Außer den tierärztlichen Maßnahmen sollten Sie eine örtliche Wärmebehandlung vornehmen.

Maßnahme I: Falten Sie ein 60 cm × 60 cm großes Tuch zu einem Dreieck.

Maßnahme II: Knoten Sie an jeder Ecke ein Strohband ein.

Maßnahme III: Reiben Sie die Kehlgangslymphknoten einmal täglich mit 50prozentiger Ichthyolsalbe ein.

Maßnahme IV: Befestigen Sie das Dreieckstuch mit den Strohbindfäden am Halfter.

Eine einfachere Methode des Kehlgangverbandes:

Maßnahme I: Füllen Sie eine Einkaufstüte aus Plastik mit zwei Handvoll Stroh.

Maßnahme II: Befestigen Sie an den vier Enden jeweils einen Strohbindfaden.

Maßnahme III: Schieben Sie die Tüte zwischen Halfter und Kehlgang, nachdem sie vorher Ichthyolsalbe oder ähnliches aufgetragen haben.

Maßnahme IV: Tragen Sie Ichthyolsalbe zweimal täglich neu auf.

Husten

Ein besonderes Problem ist die Entstehung des Hustens bei unseren Pferden, die zumeist in großen Reitanlagen gehalten werden. Häufig sind beim Bau einer Stallung die Bedürfnisse ihrer Bewohner, nämlich der Pferde, kaum berücksichtigt worden.

Häufige Folge ist der ansteckende Pferdehusten, der durch Viren und/oder Bakterien verursacht sein kann. Ungünstig wirken sich die haltungsbedingten Verhältnisse auf die Genesung unseres Pferdes aus. Zwar kann der Tierarzt durch Medikamente für eine Besserung sorgen, doch müssen auch die Stallverhältnisse ihren Teil beitragen.

Die Boxen müssen geeignete Liegeflächen aufweisen: trocken,

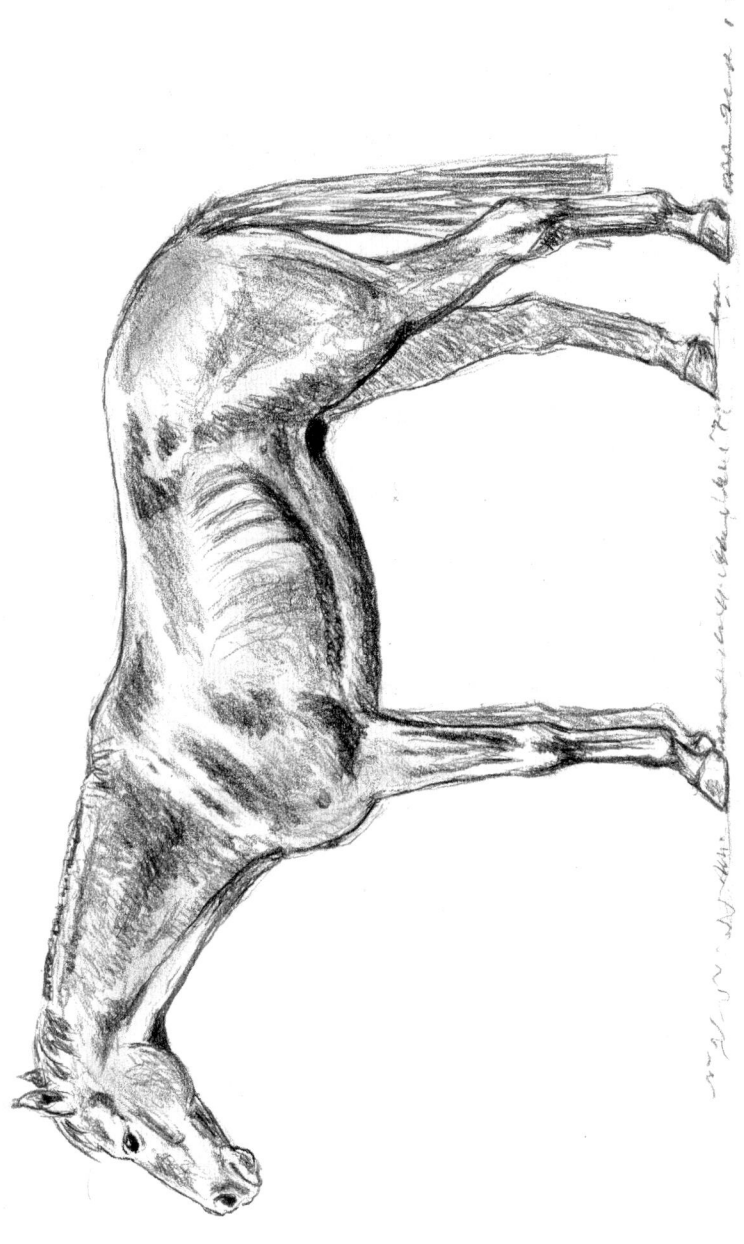

(Seite 86):

Das hustende Pferd preßt deutlich sichtbar mit den Zwischenrippenmuskeln und den Bauchmuskeln die Luft aus dem Brustraum heraus. Sind die Zwischenrippenmuskeln bereits deutlich sichtbar, dann handelt es sich um einen hochgradig chronischen Husten oder um Dämpfigkeit. Stellen Sie das Pferd unbedingt in eine trockene, staubfreie Außenbox. Füttern Sie mit Salzwasser getränktes Heu, das Sie zehn Minuten in einen Wasserbottich getaucht haben. Das abgebildete Pferd hat bereits eine deutliche Dampfrinne entwickelt.

zugluftfrei und möglichst mit Stroh eingedeckt. Stroh verhindert· kalte Luftströmungen in Bodennähe. Vollständig geschlossene Boxen sind ungesund. Eine langsame Luftzirkulation auch im Bodenbereich ist erforderlich. Versehen Sie darum die Boxenwände in 30 cm bis 50 cm Höhe mit Löchern, die gerade so groß sind, daß kein Pferdehuf hineinpaßt.

Das Pferd braucht ein Reizklima, deshalb sind gleichmäßig warme Boxen ungesund. Die Stalltemperatur sollte nur ein paar

Informieren Sie den Tierarzt schon beim ersten Hustenstoß! Er wird u. a. eine Atemhemmprobe vornehmen. Dabei werden beide Nüstern ein bis zwei Minuten zugehalten. Beim anschließenden tiefen Durchatmen kann der Tierarzt die Lungen genau abhorchen.

(Seite 88, oben):

Für ein hustenkrankes Pferd ist eine Außenbox ideal. Wenn die Box nach innen hin mit allen Wänden solide bis unter die Decke gemauert ist, sollte die Tür wie hier in der Zeichnung bis zum Boden luftdurchlässig sein. Das ist auch im Winter gesund, denn der Wind kann nicht durch die Box hindurchfegen, und es entsteht keine Zugluft.

(Seite 88, unten):

Die halbierte Tür ermöglicht unten keine Luftzirkulation. Es kommt leicht zu »Mief«-Bildung in der Box. Überprüfen Sie morgens die Boxenluft vor dem Lüften einmal, indem Sie sich fünf Minuten in die Box hocken. Sie selbst dürfen dann keine Atembeschwerden haben. Anderenfalls müssen in der Box Abluftschächte eingebaut werden. Vorübergehend hilft es auch schon, wenn ca. 30 cm oberhalb des Bodens Luftlöcher in die Tür gebohrt werden (Durchmesser: ca. 5 cm; Abstand: ca. 10 bis 15 cm).

Am schönsten ist es für ein hustenkrankes Pferd, wenn es den Kopf aus der oberen Türhälfte ganz herausstecken kann, um Frischluft aus erster Hand zu atmen. Es kann an der Umgebung teilhaben, ist ausgeglichener und glücklicher. **Merke:** Manche Pferde werden bei offener, oberer Türhälfte übermütig, belästigen die Nachbarpferde und verletzen sich selbst. In solchen Fällen sollte man für mehr Abwechslung und Auslauf sorgen. Außerdem kann ein Gitter angebracht werden wie in der vorhergehenden Zeichnung.

Grad wärmer als die Außentemperatur sein und mit der Außentemperatur schwanken.

Am gesündesten ist ausschließlicher, ganzjähriger Weidegang. Gesund ist auch die Haltung mit täglichem Auslauf im Winter und Sommer. Vorhanden sein muß allerdings auch ein trockener Wetterschutz, der relativ dunkel ist. Der Schutz gegen Wind und Wetter ist dabei weniger wichtig als der vor Insekten: Die trauen sich nicht in die Dunkelheit und belästigen die Pferde dort nicht.

Nachteilig bei der Kalthaltung ist das dadurch verursachte üppige Haarkleid. Die Pferde schwitzen länger nach. Allerdings sind Leistungspferde in soliden Außenboxen gehalten leistungsfähiger und auf Dauer gesünder als Pferde aus «Warmställen».

Bei allen anderen Pferden sollte die Außenbox auch bei extremer Kälte nicht verschlossen werden. Allenfalls kann ein Tuch aus Sackleinen vor der Fenster- oder Türöffnung aufgehängt werden, so daß bittere Kälte nicht allzu stark in die Box eindringen kann. Trotzdem hat das Pferd die Möglichkeit, klare Luft »aus erster Hand« einzuatmen.

Bei jedem heftig atmenden Pferd ist Feuchtigkeit in den Nüstern erkennbar. Hier handelt es sich um Tränenflüssigkeit, die über den Tränennasenkanal in die Nase gelangt. Sie kann durch eingeatmeten Staub dunkel aussehen. Es handelt sich nicht um eine Krankheit, wenn nicht gleichzeitig Husten zu beobachten ist.

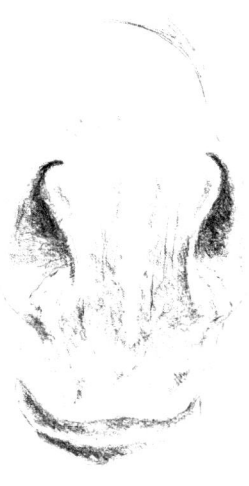

Dieser weißschaumige, zähflüssige Nasenausfluß ist ein deutliches Zeichen für eine ernstzunehmende Erkrankung meist der unteren Luftwege. Messen Sie Fieber und rufen Sie Ihren Tierarzt an.

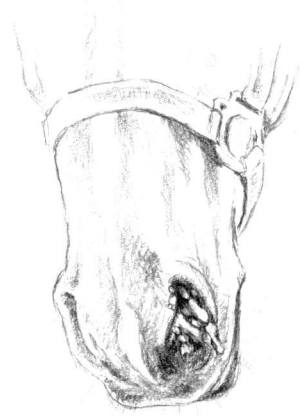

Klumpiger Ausfluß aus einer Nüster deutet auf eine Erkrankung der gleichseitigen Kopfhälfte hin (Luftsackvereiterung, Kieferhöhlenentzündung). Fragen Sie Ihren Tierarzt! Warten Sie nicht erst wochenlang ab!

91

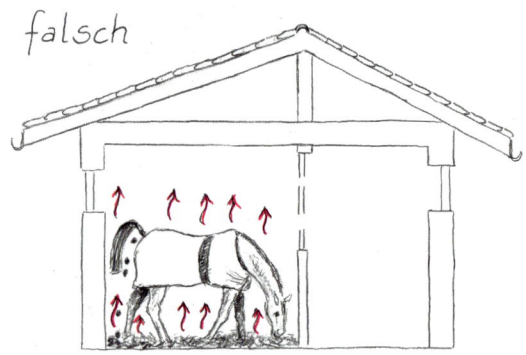

falsch

Funktioniert die Stallüftung nicht, dann muß das arme Pferd ständig die Ausdünstungen aus der Einstreu einatmen. Die Stallfeuchtigkeit wird sehr schnell steigen. Überprüfen Sie diese mit dem Hygrometer. Mehr als 70% relative Luftfeuchtigkeit sind in einem Stall von Übel.

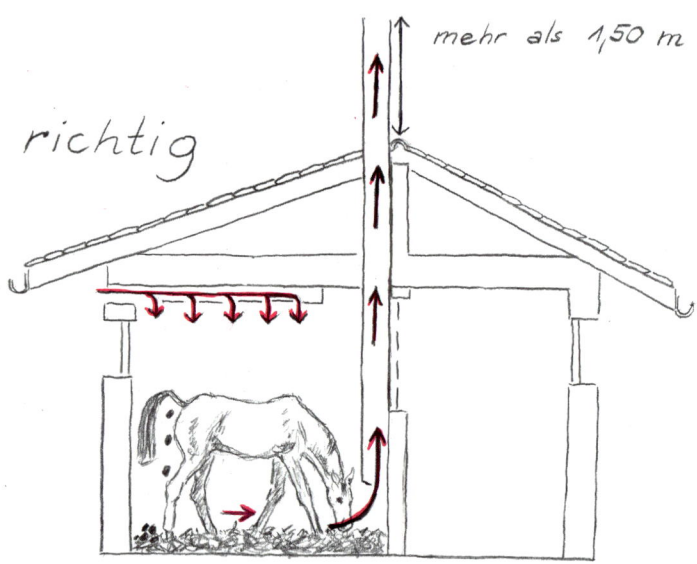

mehr als 1,50 m

richtig

Falls die Lüftung in Bodennähe nicht funktioniert, dann steht das bedauernswerte Pferd den ganzen Tag in feuchter, stickiger Luft. Es bildet sich eine Allergielunge aus. Chronischer Husten und Dämpfigkeit sind die Folgen. In einem richtig konstruierten Stall zirkuliert die Luft wie dargestellt.

Ein vernünftiger Außenstall für ein chronisch hustendes Pferd sollte halbierte Türen haben. Im Winter wird die untere Türhälfte verschlossen, die obere bleibt geöffnet. Im Sommer kann auch die untere Türhälfte geöffnet werden. So atmet das Pferd Tag und Nacht saubere Außenluft ein. Bei extrem kalter Witterung wird vor die offene Türhälfte ein Tuch gehängt.

In einem gut belüfteten Stall zirkuliert die Luft gleichmäßig, mit einer Geschwindigkeit von einem halben Meter pro Sekunde – im Sommer etwas mehr, im Winter etwas weniger. Die Luft sollte gezielt aus dem Stall herausgeführt werden, am besten durch einen Lüftungsschacht. Dieser muß durch Styropor o. ä. isoliert sein und mehr als anderthalb Meter über den Dachfirst hinausragen. So kann die angewärmte, daher leichtere Luft ohne Ventilator abziehen. Prüfen Sie die gleichmäßige Luftzirkulation mit Tabakrauch. Ungesund ist Zugluft, das ist zu schnell bewegte Luft (ca. ein Meter pro Sekunde), die nur auf einen kleinen Teil des Pferdekörpers trifft.

Jeder Nasenausfluß und jeder Husten müssen ernstgenommen werden. Bei einem einzigen Hustenstoß fliegen so viele winzige Tröpfchen in die Luft, daß bereits wenige Minuten später alle anderen Pferde im Stall angesteckt sind.

Merke: Rufen Sie spätestens den Tierarzt bei jedem Husten, der länger als vier Tage dauert! Messen Sie bei jedem Husten sofort Fieber. Bei erhöhter Temperatur: Tierarzt rufen! Nicht reiten!

Nesselfieber

Bei dieser allergischen Erkrankung bekommt das Pferd am ganzen Körper erbsen- bis fünfmarkstückgroße Erhebungen. Im allgemeinen ist eine Behandlung nicht erforderlich, da die Quaddeln binnen 12 bis 48 Stunden spurlos verschwinden. In seltenen Fällen kann der Rückgang der Quaddeln auch zwei bis drei Wochen dauern. Es können auch Rückfälle in fast regelmäßigen Abständen auftreten (Farbtafel Seite 184).

In extremen Fällen müssen Sie den Tierarzt rufen, da die inneren Atemwege zuschwellen können. Dies kann zu Atemnot führen. Atemnot kündigt sich durch ein hörbares Röchelgeräusch an. Tritt bei Ihren Pferden des öfteren Nesselfieber auf, dann sollten Sie die Heuqualität überprüfen. Eventuell sind Giftpflanzen die Ursache. Bekommt Ihr Pferd bei besonderem Futter Nesselfieber, dann sollten Sie diese Allergie im Pferdegesundheitsplan eintragen, z. B.: »nach Melassefütterung Nesselfieber«.

Augenkrankheiten

Augenentzündungen

Verspürt ein Pferd etwas im Auge, so versucht es, den Fremdkörper zu entfernen, z. B. durch Scheuern. Bei Schüben einer periodischen Augenentzündung kommt es zu solch einem Fremdkörpergefühl, wenn sich die Pupillenöffnung schließt. Das Scheuern kann verschiedene Erkrankungen zur Folge haben: Lidbindehautentzündung, Tränenfluß, eitrigen Ausfluß, Hornhautentzündung.

Besteht Verdacht auf periodische Augenentzündung, dann sollten Sie sofort den Tierarzt benachrichtigen. Er kann durch bestimmte Medikamente (Atropinsalbe) dafür sorgen, daß bleibende Schäden sich nicht oder nur mit geringer Wahrscheinlich-

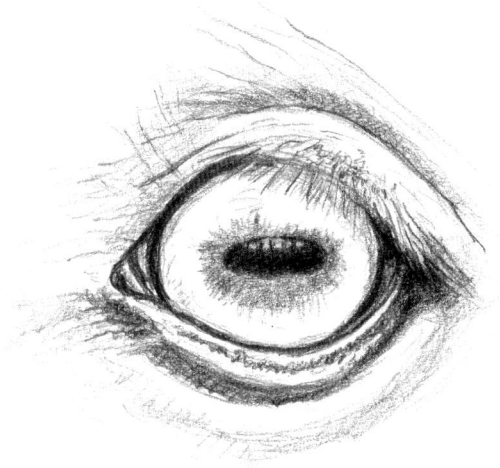

Gesundes Pferdeauge: Die elliptische Pupille muß immer schwarz sein. Am oberen Rand sind die sogenannten Hagelkörner erkennbar; sie spenden der Pupille Schatten. Das hier gezeigt Pferdeauge hat eine weißgemaserte Iris. Man nennt dies ein Birkauge, weil die Iris der Birkenrinde ähnlich sieht.

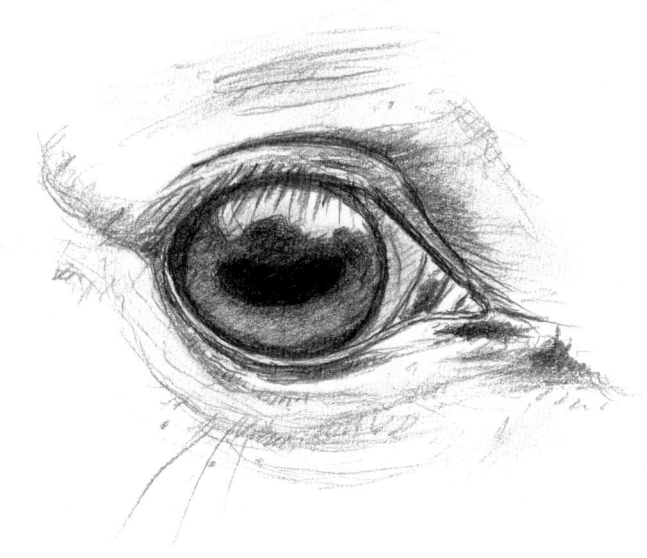

Gesundes Pferdeauge: Die Iris ist bei den meisten Pferden braungefärbt.

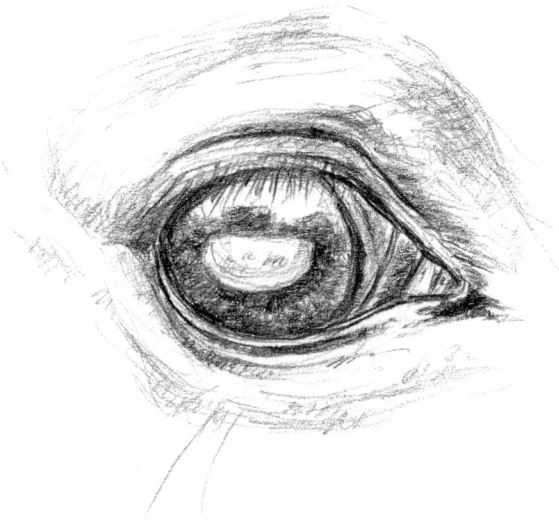

Auge mit periodischer Augenentzündung: Die Pupille ist weiß-verschleiert. Das Pferd kann mit diesem Auge kaum noch etwas sehen. Es blickt wie durch eine sehr trübe Milchglasscheibe. Falls das andere Auge noch gesund ist, kommt das Pferd wunderbar mit diesem zurecht und hat keinerlei Sehprobleme.

keit entwickeln. Zeigt das Pferd 14 Tage nach dem Kauf irgendeine Veränderung am Auge, dann sollten Sie ebenfalls sofort den Tierarzt benachrichtigen: Es könnte sich um einen Hauptmangel handeln, der ja innerhalb von 14 Tagen dem Verkäufer angezeigt werden muß. Der Kauf wird dann rückgängig gemacht. Während der warmen Jahreszeit gelangt auch durch Insekten Schmutz ins Auge. Dann kommt es zur Entzündung des Tränennasenkanals und zu Tränenfluß.

Sie sollten so vorgehen:

Maßnahme I: Legen Sie dem Pferd eine Augenklappe an. Dazu versehen Sie ein kleines Handtuch mit Bindfäden an den vier Ecken. Jetzt läßt sich die »Augenklappe« am Halfter festbinden. Sie gießen die Klappe viermal täglich mit Kamillosan oder verdünntem Borwasser oder klarem Wasser an.

Maßnahme II: Vergleichen Sie die Pupillenöffnung des kranken mit der des gesunden Auges. Ist die Pupille der erkrankten Seite nur schlitzförmig geöffnet, während die der gesunden Seite elliptisch und weit ist, besteht Verdacht auf eine periodische Augenentzündung.

Maßnahme III: Benachrichtigen Sie den Tierarzt.

Maßnahme IV: Geben Sie dreimal täglich Atropinsalbe ins Auge, bis der Tierarzt zu etwas anderem rät.

Tränendes Auge

Die häufigste Ursache für ein tränendes Auge ist eine Entzündung der Augenumgebung (Lidbindehaut). Wenn die Öffnung des Tränennasenkanals in der Nase feucht ist, funktioniert der Kanal und es genügt, vier Tage lang zweimal täglich eine Augensalbe ins Auge zu geben.

Augenlidwunden

Das Augenlid hat die Aufgabe, den Augapfel durch Wischen feucht zu halten und kleine Staubteilchen zu entfernen. Damit

Dies ist die Öffnung des Tränennasenkanals in der Nase. Hier muß immer ein wenig Feuchtigkeit erkennbar sein. Anderenfalls ist der Kanal verstopft. Er führt vom vorderen inneren Augenwinkel zur Nasenöffnung und sorgt für den ständigen Tränenabfluß. Wenn die Lidbindehaut (also die Umgebung des eigentlichen Auges) durch herumkrabbelnde Insekten während der Weidesaison entzündet ist, kann der Tränennasenkanal verstopfen.

diese Funktion erhalten bleibt, ist es notwendig, daß Lidverletzungen mit Einrissen der Haut vom Tierarzt genäht werden.

Bringen Sie vor dem tierärztlichen Eingriff keine Medikamente auf. Die Wunde muß innerhalb der ersten sechs bis acht Stunden genäht werden, da eine gute Wundheilung sonst ausgeschlossen ist.

Sorgen Sie dafür, daß kein Staub ins Auge kommt. Stellen Sie das Pferd in eine möglichst staubfreie und dunkle Umgebung, damit es nicht wegen zu großer Lichteinwirkung häufig blinzelt.

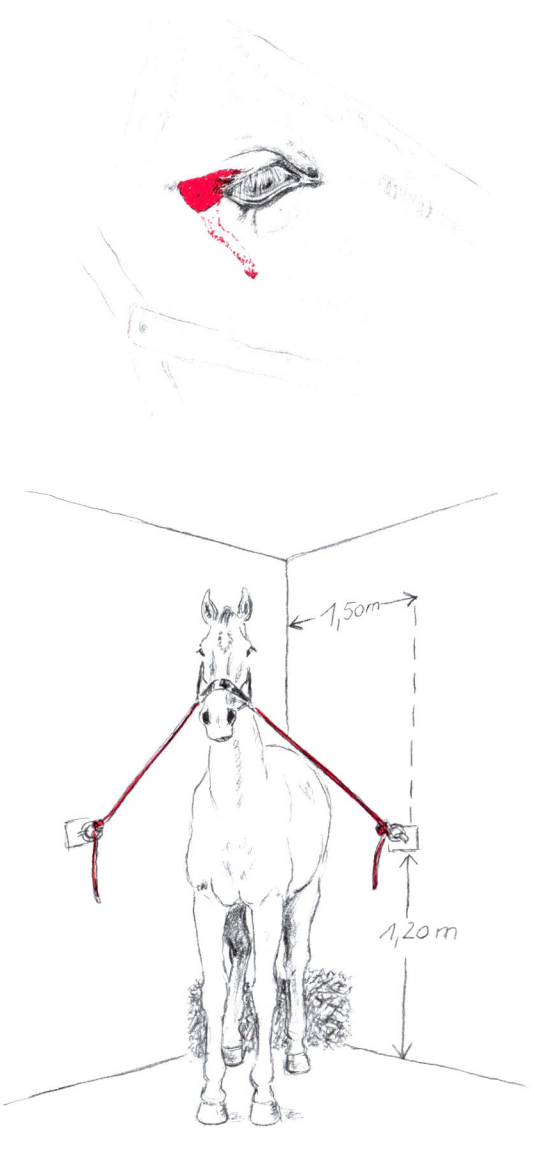

Verletzungen am Augenlid wirken oft schlimmer, als sie sind. Bindet man ein
Pferd in der Ecke eines Waschplatzes oder Stallvorraumes so an, dann erleichtert
das dem Tierarzt mancherlei Behandlung. Er kann z. B. das derart fixierte Pferd
bei Verletzungen leichter nähen.

Fremdkörper im Auge

Hin und wieder kommt es vor, daß sich kleine Fremdkörper auf der Hornhaut befinden und einen starken Juckreiz auslösen. Das Pferd wird sich an seinen Beinen und an irgendwelchen Gegenständen scheuern. Am inneren Augenwinkel wird recht bald eine Tränenstraße sichtbar werden. Die Lidbindehaut erscheint durch die Reizung des Fremdkörpers gerötet.

Maßnahme I: Halten Sie das Pferd gut fest und legen Sie – wenn nötig – die Nasenbremse auf.

Maßnahme II: Drücken Sie mit dem Zeigefinger auf das obere Augenlid in Richtung unteres Augenlid. Dadurch lagern Sie das dritte Augenlid vor.

Maßnahme III: Falls Sie den Fremdkörper sehen, entfernen Sie ihn mit einem fusselfreien Lappen, in Richtung des inneren (= vorderen) Augenwinkel reibend.

Maßnahme IV: Besteht der Verdacht, daß sich der Fremdkörper unter einem Augenlid befindet, dann müssen Sie den Tierarzt rufen, da zur Entfernung eine örtliche Betäubung notwendig ist.

Augenschwellung

Eine Schwellung der Augenumgebung ist meistens harmlos – erweckt jedoch oft einen dramatischen Eindruck. Eine Schwellung kann z. B. entstehen, wenn ein Pferd beim Wälzen mit der Augenumgebung auf einen festen Gegenstand schlägt (Farbtafel Seite 184).

Maßnahme I: Vergewissern Sie sich, daß das Auge selbst nicht verletzt ist, keine Hornhautverletzung vorliegt und keine Veränderung gegenüber dem anderen Auge erkennbar ist.

Maßnahme II: Tragen Sie dreimal täglich auf die Umgebung des Auges eine heparinhaltige Salbe auf. Die Salbe darf nicht ins Auge geraten!

Merke: Ragt der Blinzknorpel einen oder zwei Zentimeter ins Auge hinein, besteht der Verdacht auf Tetanuserkrankung. Benachrichtigen Sie sofort den Tierarzt! Wundstarrkrampf kann für ein Pferd ohne rechtzeitige Behandlung tödlich enden.

Das Pferd im Schock

Maßnahmen bei Schock
– Überhitzung und Unterkühlung –

Liegt ein Pferd infolge einer Verletzung mit großem Blutverlust am Boden, dann müssen Sie entsprechend der Wetterlage einer Unterkühlung oder einer Überhitzung vorbeugen. Der Blutverlust kann von einer Wunde bzw. einem Knochenbruch herrühren. Es ist allerdings auch möglich, daß keine Blutung sichtbar ist. Ferner kann das Pferd vielleicht wegen einer Überanstrengung oder eines Schocks nicht selbst aufstehen. Dem Tierarzt muß der Zustand des Pferdes genau beschrieben werden, damit er gegebenenfalls große Mengen Infusionsflüssigkeit aus seiner Praxis mitbringt.

Bei Hitze: Feuchten Sie den Körper mit mindestens einem Liter Wasser an und sorgen Sie durch Fächeln mit Tüchern, Ästen, großflächigen Brettern oder Pappen für eine heftige Luftbewegung.

Bei Kälte: Verhindern Sie unbedingt eine Unterkühlung, denn da sich die Blutgefäße im Schockzustand weiten, steht nicht mehr genügend Blut für das Gehirn zur Verfügung. Das bedeutet Lebensgefahr! Decken Sie das Pferd mit warmen Tüchern ab – besser noch mit den für Erste-Hilfe-Leistungen bei Autounfällen vorgesehenen Metallfolien.

Merke: Auch bei einem zunächst schwitzenden Pferd kann sehr schnell eine lebensbedrohende Unterkühlung entstehen. Den sichersten Wärmeschutz liefert ein stehendes Luftpolster. Schieben Sie zwischen zwei Decken eine Strohschicht. Sorgen Sie für schnelle tierärztliche Hilfe!

Ursachen für Schock

Unter Schock versteht man ein Kreislaufversagen, bei dem alle Stoffwechselvorgänge der inneren Organe herabgesetzt sind. Bei

Schock ist die Blutversorgung sehr schlecht, und darum kommt es zu einem Sauerstoffmangel im ganzen Körper. Die Blutgefäße verengen sich sehr stark, besonders jene, die weit vom Herzen entfernt sind. Sie erkennen das an einer weißen Maulschleimhaut, einer weißen Scheiden- oder einer weißen Augenschleimhaut.

Häufige Ursachen:
1. Starke Blutungen nach außen oder innen, in die Brust- oder Bauchhöhle hinein, bei völlig intakt aussehender Körperoberfläche. Grund dafür können heftige Anstrengungen oder Unfall sein.
   Infolge eines Unfalls mit Knochenbrüchen kann es bei intakter Haut und ohne äußerlich sichtbare Bluttropfen zu Blutungen in das umliegende Gewebe kommen.
2. Abnahme der Herzleistung infolge eines Herzfehlers. Oft wurde der Leistungsabfall schon Monate vorher bemerkt, aber man versäumte, den Tierarzt einzuschalten.
3. Blutvergiftung infolge einer bakteriellen Infektion (Fieber messen!)
4. Allergische Reaktionen nach einer Medikamentengabe (s. Kapitel »Reaktion auf Medikamente«)

Erste Hilfe beim Schock

Der Schock muß nicht innerhalb der ersten Minuten nach einem Unfall auftreten. Es kann Stunden dauern, z. B. im Verlauf einer Kolik oder einer starken, fiebrigen Infektion, bis es zum Schock kommt. Rufen Sie schnell den Tierarzt! Der wird zur Stabilisierung des Kreislaufs große Flüssigkeitsmengen(mehrere Liter) per Infusion verabreichen.

Kann nicht sofort tierärztliche Hilfe geleistet werden, dann versuchen Sie, mit Hilfe eines Einlaufs den Kreislauf zu stabilisieren. Geben Sie ca. zehn Liter körperwarmes Wasser mit Kochsalz (100 g Kochsalz auf zehn Liter Wasser). Im Kapitel »Eingabe von

Medikamenten« (Seite 117) ist die Methode des Einlaufs dargestellt.

Sollte z.B. eine Schlosserei in der Nähe sein, dann holen Sie sich dort eine Sauerstoffflasche, schieben einen bleistiftdicken Gummischlauch eine Handbreit weit in die Nasenöffnung und lassen den Sauerstoff mit einer Geschwindigkeit von 15 Liter pro Minute einströmen.

Pferde leiden im Schockzustand schnell an Unterkühlung. Dekken Sie sie warm ein!

Schocksymptome: Der Puls ist kaum zu fühlen. Die Herzfrequenz ist sehr hoch – 80 Schläge pro Minute und mehr. Bei einem länger dauernden Schock, der mit erheblichen Blutveränderungen einhergeht, bleibt eine Hautfalte, die man zwischen zwei Fingern zusammendrückt, für längere Zeit (z.B. für eine halbe Minute) bestehen, bevor sie sich wieder glättet (s. Abb. auf Seite 113). Die Augen liegen tief eingesunken in den Augenhöhlen. Das Pferd reagiert kaum auf äußere Reize wie Berühren, Ansprechen oder Auftreiben.

Fohlenkrankheiten

Erste Hilfe bei der Geburt

Wenn die Stute nach elf Monaten Trächtigkeit ein Fohlen zur Welt bringen soll, wird im allgemeinen bereits Tage vor dem zu erwar-

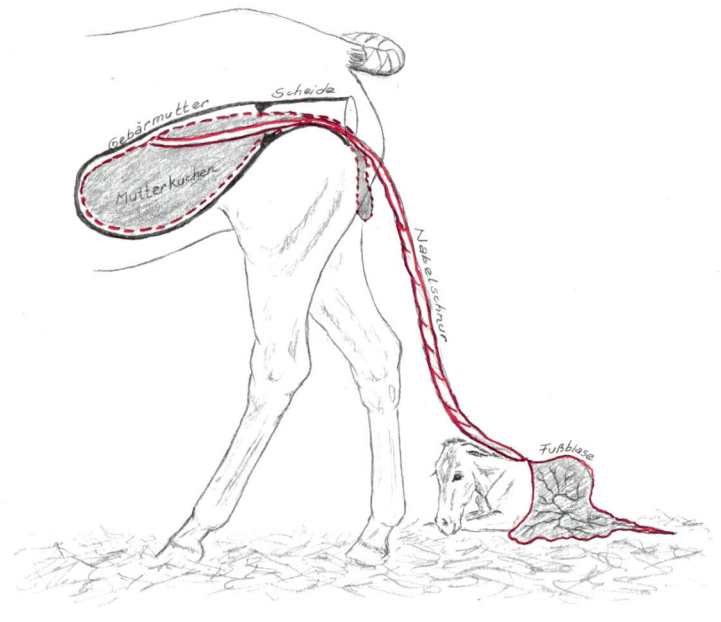

Ganz wichtig für die Stutengesundheit ist der vollständige Abgang der Nachgeburt. Er besteht erstens aus der Fußblase, die mit dem Fohlen herauskommt, und zweitens aus dem Mutterkuchen, der anschließend als Nachgeburt ausgetrieben wird. Ganz besonders der hellrote Mutterkuchen muß aus einem vollständigen Sack bestehen, der nur eine Öffnung hat. Anderenfalls sind kleine Fetzen in der Gebärmutter verblieben und es droht eine fiebrige Erkrankung oder Geburtsrehe.

tenden Geburtstermin eine Person zur Nachtwache eingeteilt. Diese Person muß sich zuvor über mögliche Komplikationen und Erste-Hilfe-Maßnahmen informieren, z. B. in dem Buch »Was fehlt meinem Pferd?«. Daher sollen hier nur ein paar Hinweise gegeben werden für den Fall, daß eine Geburt ganz unerwartet einsetzt.

Maßnahme I: Die Geburt beginnt mit dem Platzen der Wasserblase: Aus der Scheide kommt plötzlich eine große Menge wasserähnlicher Flüssigkeit (ca. zehn Liter). Falls die Stute sich mit ihrem Hinterteil zu nahe an eine Wand legt, treiben Sie sie auf. Es muß hinter dem Schweif des Pferdes zumindest ein Meter Platz sein. Sonst kann das Fohlen nicht herauskommen.

Maßnahme II: Beobachten Sie aus der Ferne den Geburtsfortgang, ohne selbst einzugreifen: Bei jeder Wehe muß das Fohlen ein paar Zentimeter weiter herauskommen. Spätestens dann, wenn fünf Minuten lang trotz heftiger Wehen nicht ständig mehr vom Fohlen zu sehen ist, muß Hilfe gerufen werden.

Maßnahme III: Bis ein Sachkundiger zur Stelle ist, muß die Geburt unterbrochen werden. Das geschieht, indem die Stute aufgetrieben wird und im Kreis in der Box herumgeführt wird.

Wie man ein Fohlen zur Behandlung festhält

Es ist zweckmäßig, sich jeden Tag mit den Fohlen zu beschäftigen, sie an das Berührtwerden, Führen usw. zu gewöhnen. Durch den alltäglichen Umgang wird der Fluchttrieb der Fohlen vermindert und das Festhalten der Fohlen im Stall für Behandlungen erleichtert. Eine Behandlung sollte immer im Stall vorgenommen werden, da dieser vom Fohlen als eine heimische Umgebung angesehen wird und dem Festhaltenden zusätzliche Stütze durch die umgebenden Wände geboten wird.

So gehen Sie am besten vor:

Maßnahme I: Heben Sie den Kopf des Fohlens hoch und drücken Sie es gegen die Wand.

Maßnahme II: Sie ergreifen den Schweif und ziehen ihn kräftig nach oben. Fassen Sie die Schweifwurzel möglichst dicht am After.

Maßnahme III: Stellen Sie sich breitbeinig neben das Fohlen, damit es nicht vorne oder hinten zur Seite wegbrechen kann. Nun kann es sich nicht mehr wehren. Die Behandlung kann beginnen.

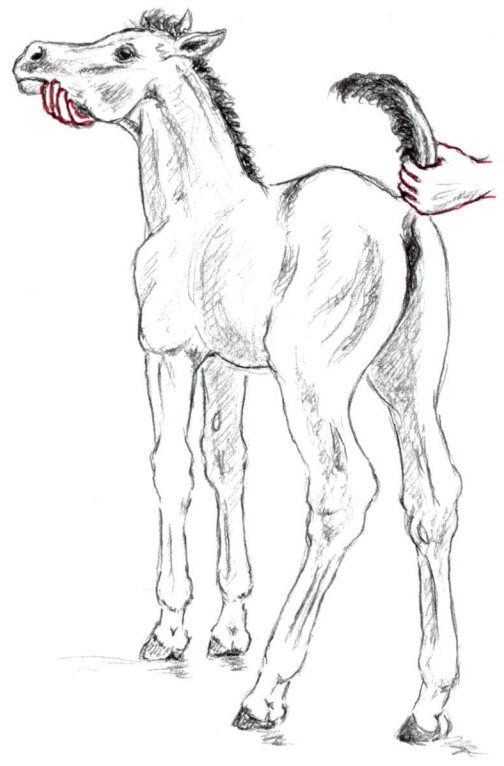

So wird das Fohlen richtig gehalten.

Wie man ein liegendes Fohlen transportiert

Maßnahme I: Polstern Sie eine ausgehängte Zimmertür oder ein entsprechend großes Brett mit einer Lage Stroh.

Maßnahme II: Legen Sie darüber eine möglichst feste Pferdedecke.

Maßnahme III: Das Fohlen kann jetzt auf das Brett gelegt und von zwei Personen getragen werden.

Maßnahme IV: Handelt es sich um ein Fohlen, das noch wenig an Umgang mit Menschen gewöhnt ist, dann befestigen Sie an den unten liegenden Gliedmaßen vorn und hinten jeweils einen Strick. Damit können Sie das Fohlen auf die Lade ziehen, ohne selbst verletzt zu werden.

Fohlenkolik

Die häufigste Ursache für eine Fohlenkolik ist ein länger anhaltender Durchfall. Bereits nach einigen Tagen treten sehr heftige, sich alle paar Minuten wiederholende Kolikschmerzen auf. Rufen Sie sofort den Tierarzt!

Ist eine Fohlenkolik bereits eingetreten, dann müssen Sie sofort handeln:
Maßnahme: Sie massieren die Bauchdecke des Fohlens kräftig bis zum Eintreffen des Tierarztes.
Grundsätzlich sollten Sie Fohlenkoliken vorbeugen:
Maßnahme I: Geben Sie Ihrem Fohlen bis zum dritten Lebensmonat nur wenig Kraftfutter – und zwar erst nach Verabreichung von Heu.
Maßnahme II: Fohlen, die Heu fressen, sollen ständig frisches Trinkwasser zur Verfügung haben, damit sie nicht auf schmutziges Pfützenwasser angewiesen sind. Sie sollten zusätzlich einen Tränkeimer in der Box anbringen.
Maßnahme III: Entwurmen Sie Ihr Fohlen sechsmal jährlich.
Falls das Fohlen sehr viel in älterem Kot und Mist herumstöbert, besteht starke Verwurmungsgefahr. Dies kann ein Hinweis auf Mineralstoffmangel sein. Der Tierarzt wird u. a. auch Eiseninjektionen geben müssen.
Frißt das Fohlen im frischen Kot der Mutterstute, ist dies nicht bedrohlich; die Parasiten brauchen etwa sechs Tage Reifungszeit, bevor sie eine Gefahr für das Fohlen darstellen. Trotzdem ist häufiges Kotfressen ein Hinweis auf Mangelerscheinungen.
Sorgen Sie dafür, daß das Fohlen keine Langeweile hat. Beschaffen Sie ihm einen Spielkameraden oder geben Sie ihm

Finden wir nach einer Wurmkur im Kot nur wenige Spulwürmer (weiß, bleistift-dick, 30 bis 60 cm lang), dann sollten wir an die starke Vermehrung dieser Innenparasiten denken. Sie legen täglich eine halbe Million Eier. Also: Häufigere Wurmkuren und mehr Hygiene im Stall.

Finden wir nach einer Wurmkur auf den Pferdeäpfeln kleine rote Würmchen, dann sollten wir uns nicht darüber freuen, daß diese das Pferd verlassen haben. Wir sollten uns vielmehr schämen, denn bei einem so starken Befall haben die wandernden Würmer bereits große Schäden in den inneren Organen des Pferdes angerichtet. Bis die Blutwürmer die hier gezeigte Größe erreicht haben, haben sie eine ca. neun Monate lange Wanderung durch das Pferd hinter sich. Also: Mehr Weidepflege – Kot aufsammeln, Geilstellen ausmähen.

wenigstens ein paar Äste einer Birke oder Tanne in die Box, damit es etwas zum Knabbern hat.

Man sollte im übrigen die Wurmmittel häufig wechseln. Da verschiedene Wurmmittel chemisch miteinander verwandt sind, sollte man diese Gruppen kennen:

Also: Abwechselnd ein Wurmmittel aus jeder Gruppe geben.

1. Gruppe: Telmin®, Thibenzole®, Cambenzole®, Panacur®, Rintal®
2. Gruppe: Banminth®
3. Gruppe: Ivomec®
4. Gruppe: Weil die folgenden Mittel wegen geringster Überdosierung starke Unverträglichkeitserscheinungen beim Pferd bewirken, sollte man diese Präparate möglichst nicht benutzen:
   Neguvon®, Equigard®, Telmin plus®, Rintal plus®

Alle Mittel wirken hervorragend auf sämtliche bei uns vorkommenden Innenparasiten, mit einer Ausnahme: Magenbremsen sollten im Dezember behandelt werden und das einzige brauchbare Mittel ist Ivomec®.

Garstige Mutterstute

Eine Stute, die ein Saugfohlen bei Fuß führt, verändert oft ihr Verhalten gegenüber Artgenossen – und auch gegenüber Menschen. Die Stute wird sich ständig zwischen das Fohlen und den Menschen bzw. ein anderes Pferd stellen, um ihren Nachwuchs zu schützen. Wenn man an das Fohlen herankommen will, muß man zuerst der Mutterstute ein Halfter anlegen und sie festhalten.

Auch in der Box muß man das veränderte Verhalten der Stute berücksichtigen: Oft betrachtet sie den Menschen, der den Stall betritt, als Feind, der dem Fohlen etwas antun will.

Vorsicht: Halten Sie eventuell einen Ballen Stroh vor sich, wenn Sie die Box betreten. Für die Stute ist ein Strohballen ein bekannter Gegenstand – und für Sie ist er ein guter Schutzschild gegen Angriffe mit Maul und Hufen.

Darmpechverhalten

Besonders bei männlichen Fohlen gelangt wegen des engeren Beckenknochens das feste Darmpech manchmal nicht bis zum After. Das Fohlen zeigt dann während der ersten Lebenstage kolikartige Erscheinungen.

Behandlung: Machen Sie alle zwei Stunden einen Einlauf mit Practoclys®.

Vorbeuge: Verabreichen Sie gleich nach der Geburt eine Mischung aus 40 ml Rhizinusöl, der selben Menge Paraffinöl und der doppelten Menge frisch gemolkener Muttermilch mit der Flasche.

Merke: Ist bereits vor der Geburt Milch bei der Mutter geflossen, dann fehlt die Kolostralmilch. Das Fohlen muß auf andere Art vor Ansteckungskeimen geschützt werden. Fragen Sie Ihren Tierarzt oder besorgen Sie sich Milch von einer sogenannten Milchbank. In vielen Gestüten hat man Kolostralmilch aus dem Vorjahr in kleinen Plastikflaschen in der Tiefkühltruhe aufbewahrt. Innerhalb der ersten sechs Lebensstunden des Fohlens sollten ihm zweimal 200 ml Milch von einer Milchbank (Kühltruhe) körperwarm gegeben werden.

Die Kolostralmilch hat drei Aufgaben:

1. Sie enthält Antikörper, die aber nur in den ersten sechs Stunden seines Lebens vom Fohlen verwertet werden können. Nur während dieser Zeit ist der Darm durchlässig für die winzig kleinen Antikörperchen. Diese helfen dem Fohlen in den ersten drei Lebensmonaten, mit Ansteckungskrankheiten fertig zu werden. Erst danach kann das Fohlen durch eine Impfung oder durch Ansteckung mit Keimen selbst Antikörper bilden, die es vor weiteren Ansteckungskrankheiten schützen.

2. Kolostralmilch enthält verschiedene »Durchfallmittel«. Sie sorgt dafür, daß der erste feste Kot schnell herausgepreßt wird und weicher Kot nachgeschoben wird.

3. Sie enthält wichtige Fohlennahrung, die für das gesunde Heranwachsen ganz besonders an den drei ersten Lebenstagen notwendig ist

Darmpechverhalten: Bei männlichen Fohlen sind die Beckenknochen enger als bei den Stutfohlen. Der erste Fohlenkot, der sich bereits vor der Geburt im Darm gebildet hat, paßt daher gelegentlich nicht durch die engen Beckenknochen. Führen Sie das Klistier mit Practoclys® mindestens 15 cm, besser 20 cm weit vorsichtig in den Mastdarm ein, damit es möglichst vor dem Beckenknochen (linker Pfeil) wirken kann.

Harnträufeln

Fließt in den ersten beiden Lebenstagen der Harn nicht aus Penis oder Scheide, sondern tropft er aus dem Nabel, dann ist dies ein Alarmsignal. Es besteht Infektionsgefahr, weil Bakterien aus der Einstreu vom Nabel aus in den Körper gelangen können. Das führt eventuell zu Nabelentzündungen, aber in schweren Fällen auch zu fieberhaften Störungen des Allgemeinbefindens.

111

Durchfall beim Saugfohlen

Oft tritt bei neun Tage alten Fohlen Durchfall auf, der mit der Veränderung der Muttermilch-Zusammensetzung während der Fohlenrosse zusammenhängt.

Maßnahme I: Ist die Mutter gerade rossig, dann warten Sie noch drei Tage ab, sofern der Durchfall nicht wie Wasser gegen die Boxenwand spritzt.

Maßnahme II: Hat das Fohlen weiterhin Durchfall, lassen Sie sich vom Tierarzt ein entsprechendes Medikament geben und spritzen Sie dies dem Fohlen täglich mehrmals in Maul.

Maßnahme III: Waschen Sie die Umgebung des Afters mit warmem Wasser und milder Seife und fetten Sie diese Stelle mit Vaseline, Zinkpaste oder Babyöl ein.

Maßnahme IV: Überprüfen Sie, ob Mutter und Fohlen die erforderlichen Wurmkuren gegen Zwergfadenwürmer erhalten haben (beim Fohlen etwa am achten Lebenstag zum ersten Mal).

Maßnahme V: Ist der Durchfall nach zwei Tagen Behandlung noch nicht behoben, dann könnte auch eine ansteckende Krank-

Das Fohlen sollte niemals Zugang zum Salzleckstein oder zur Tränke haben, wenn es jünger als zwei Monate ist.

heit vorliegen, z. B. Salmonellose. Lassen Sie durch Ihren Tierarzt eine Kotprobe untersuchen.

Maßnahme VI: Bei sehr wäßrigem Durchfall kann ein Fohlen innerhalb von ein, zwei Tagen so viel Flüssigkeit verlieren, daß es auszutrocknen droht. So etwas ist lebensgefährlich. Eventuell kann der Hautgriff Aufschluß darüber geben, wiewelt das Fohlen ausgetrocknet ist (Vorsicht: Nur der Geübte vermag richtig zu beurteilen, wiewelt die Austrocknung vorangeschritten ist!).

Merke: Ein Fohlen darf bis zum Alter von acht Wochen keine Gelegenheit haben, eine Tränke zu benutzen. Sperren Sie die Tränke und geben Sie der Stute das Wasser aus einem Eimer. Sie können auch die Tränke durch ein Holzgitter derart absperren, daß nur die Stute an sie heran kann.

Frühestens mit acht Wochen darf das Fohlen den Salzleckstein erreichen. Falls es diesen wild zerfrißt und größere Brocken herunterschluckt, muß er sofort entfernt werden. Benachrichtigen Sie den Tierarzt! Eventuell hat das Fohlen einen Mineralstoffmangel.

Verwenden Sie nach Möglichkeit nicht einen einfachen Kochsalzleckstein, sondern besser einen Mineralstoffleckstein. Dieser ist zwar etwas teurer, aber auch wesentlich ergiebiger.

Mit dem Hautgriff kann das Maß der Fohlenaustrocknung vom Fachmann bestimmt werden.

Die klassische Fohlenlähme

An der Fohlenlähme erkranken die Fohlen meist am Ende der ersten Lebenswoche. Der Ursprung der Erkrankung liegt häufig an einer nicht fachgerechten Behandlung des Nabelstumpfes gleich nach der Geburt des Fohlens. Es können leicht Bakterien in den Blutkreislauf gelangen und sich im ganzen Körper verteilen. Das hat vielgestaltige Krankheitserscheinungen zur Folge.

Die Fohlen sind bewegungsunlustig, stehen steif mit verdickten und warmen Gelenken herum und haben einen verminderten Drang, bei der Mutter zu saufen.

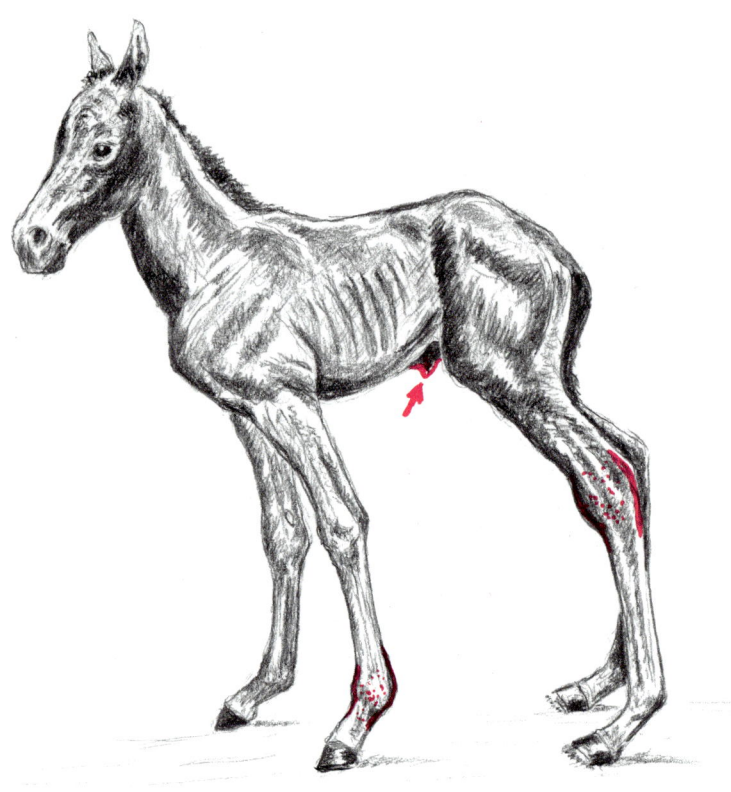

Wenn das Fohlen lahmt, sollten Sie unbedingt an Fohlenlähme denken.

In fortgeschrittenen Stadien kommt es zu Durchfall, eitrigem Nasenausfluß, Schwellung der Kehlgangslymphknoten und zu Atembeschwerden. Häufig endet diese Erkrankung mit dem Tod des Fohlens.

Maßnahmen bei Fohlenlähme:
Maßnahme I: Tasten Sie alle dicken Gelenke ab: Vorderfuß-wurzelgelenk, Fesselgelenk, Kniegelenk, Sprunggelenk usw.
Rufen Sie bei Schmerzhaftigkeit oder vermehrter Wärme den Tierarzt!
Maßnahme II: Messen Sie Fieber. Alle Temperaturen über 39° C sind höchst verdächtig.
Maßnahme III: Legen Sie das Fohlen auf den Rücken und schauen Sie sich den Nabel an. Ist der Nabel nicht vollständig trocken, dann benachrichtigen Sie Ihren Tierarzt.

Atemwegskrankheiten beim Fohlen

Atemwegskrankheiten beim Fohlen mit Husten und Fieber haben meist ihre Ursache im Stallmief. Machen Sie die »Miefprobe«: Hocken Sie sich morgens, bevor die Stalltüren geöffnet werden,

Einen miefigen Stall sollten Sie Ihrem Pferd nicht zumuten.

zehn Minuten in die Fohlenbox. Wenn Sie beim Atmen dicht über der Einstreu die Luft für gut befinden, wird auch das Fohlen keine Probleme haben. Wenn Ihnen allerdings die Augen tränen und Sie nur schwer atmen können, sollten Sie den Stall ausmisten und in Bodennähe Löcher bohren, damit die Luft auch unten zirkulieren kann (Lochdurchmesser: 4 cm, Abstand ca. 20 cm).

Durch knapp über dem Boden in die Wand gebohrte Löcher kann die Luft zirkulieren.

Verabreichen von Medikamenten

Was hat der Tierarzt verordnet?

Bei dem Besuch des Tierarztes sind alle Umherstehenden von der Krankheit des Pferdes fasziniert. Das erlebt man immer wieder. Oft hat freilich kein »Beobachter« genau und umfassend mitbekommen, was beachtet werden muß. Bevor der Tierarzt den Stall verläßt, sollten Sie sich vergewissern, ob Sie den Behandlungsablauf und alle Handlungsanweisungen richtig verstanden haben. Fragen Sie lieber nochmals nach:

DER TIERARZTBESUCH	
Frage	Antwort
1. Wie wirkt das Medikament? Entstehen durch das Medikament äußerliche Veränderungen am Tier?	
2. Wann muß spätestens eine Wirkung des Medikamentes eingetreten sein? Wann müssen Sie sich wieder beim Tierarzt melden?	
3. Wie oft soll das Medikament über das Futter eingegeben werden? Wie oft müssen Sie einreiben (z. B.: zweimal täglich). Über welchen Zeitraum soll das Medikament verabreicht werden?	
4. Ist es schlimm, wenn das Medikament einmal wegen Abwesenheit oder Nachlässigkeit nicht angewandt wird?	
5. Wann darf das Pferd wieder gearbeitet werden?	
6. Kann das Pferd in seiner Box bleiben?	
7. Muß das Futter geändert werden?	
8. Muß die Einstreu besonders trocken oder feucht gehalten werden?	
9. Wie oft und wieviele Tage muß Fieber gemessen werden? Bei welcher Temperatur muß der Tierarzt erneut gerufen werden?	

Eingeben von Medikamenten

Basteln einer Medikamentenkandare für Flüssigkeiten

Maßnahme I: Befestigen Sie am Mundstück einer Trense einen dünnen Schlauch von z. B. 3 mm Durchmesser.

Maßnahme II: Versehen Sie den Schlauch mit einem Trichter. Geben Sie die Flüssigkeit langsam ein, damit nicht zuviel verloren geht.

Eingeben von Medikamenten ins Maul

Häufig werden Sie vom Tierarzt Medikamente bekommen, die von Ihnen regelmäßig ins Maul des Pferdes verabreicht werden müssen. Je nach Menge gibt es verschiedene Möglichkeiten. Geben Sie die Medikamente mit der Flasche ein:

Maßnahme I: Füllen Sie eine langhalsige Kunststoffflasche mit dem flüssigen Medikament.

Maßnahme II: Führen Sie die Flasche seitlich, zwischen Schneide- und Backenzähnen, ca. 10 cm tief ins Maul.

Maßnahme III: Halten Sie den Kopf so hoch, daß die Nasenlinie waagerecht liegt. Auf keinen Fall höherhalten, da sich das Pferd sonst verschlucken kann. Aber lassen Sie den Kopf auch nicht nach unten sinken, da sonst zuviel Flüssigkeit verloren geht.

Besser als mit einer Flasche geben Sie flüssige Medikamente mit einer 20-ml-Spritze ein, die Sie sich von Ihrem Tierarzt geben lassen oder in der Apotheke kaufen können. Geht der Kolben schwer, dann können Sie ihn mit etwas Butter oder Haushaltsöl leichtgängig machen. Mit dieser Spritze können Sie nur kleine Mengen verabreichen.

Maßnahme I: Füllen Sie das pulverförmige Medikament in den Zylinder der Spritze.

Maßnahme II: Füllen Sie den Zylinder mit Wasser auf.

Maßnahme III: Setzen Sie den Kolben auf und schütteln Sie das aufgelöste Medikament gut durch.

Maßnahme IV: Führen Sie die Spritze seitlich zwischen den Zähnen ca. 10 cm tief ins Maul ein. Dabei halten Sie den Pferdekopf so hoch, daß die Nasenlinie waagerecht steht.

So kann ein Medikament mit einer langhalsigen Plastikflasche eingegeben werden.

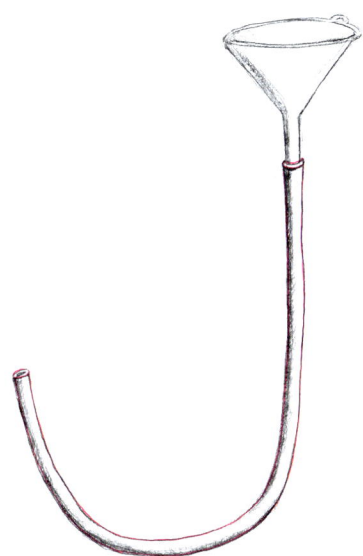

Kann ein Medikament beim liegenden Pferd nicht mehr ins Maul eingegeben werden, dann sollte man es immer mit einem Einlauf versuchen. Fast alle Medikamente, insbesondere Kaffee und Beruhigungsmittel (Vetranquil®), können so verabreicht werden. Man sollte niemals versuchen, etwas mit Gewalt ins Maul zu schütten, wenn das Pferd nicht von selbst schluckt.

Maßnahme V: Drücken Sie kräftig ab, damit das Medikament weit hinten im Maul über den Zungengrund fließt.

Maßnahme VI: Halten Sie den Kopf noch 1 min. waagerecht.

Medikamente in den After eingeben

Viele Medikamente können auch über den Mastdarm wirken. Fragen Sie den Tierarzt! Benutzen Sie die Methode nur als Notmaßnahme, wenn der Tierarzt nicht schnell genug kommen kann. Sehen Sie dazu u. a. bei Schock, Kolik, Vergiftungen nach.

Maßnahme I: Fetten Sie ein ca. ein Meter langes Stück eines Gartenschlauches am Vorderende mit Vaseline oder Butter ein.

Maßnahme II: Führen Sie den Schlauch ca. eine Handbreit tief in den After ein.

Maßnahme III: Setzen Sie einen Trichter auf den Schlauch und füllen Sie die Flüssigkeit ein.

Merke: Bei verschiedenen Kolikformen können mit dieser

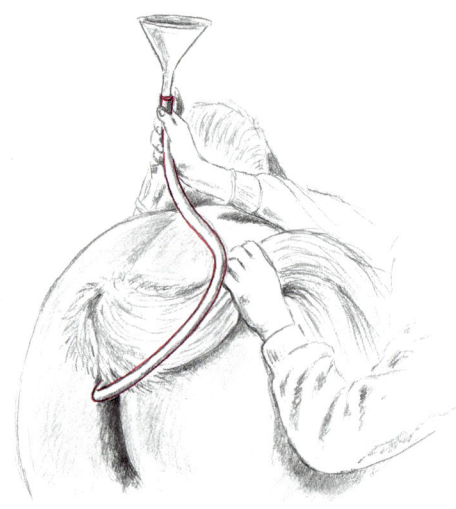

Methode große Flüssigkeitsmengen eingegeben werden, z. B. 10 Ltr. Wasser. Mit irgendwelchen Nebenwirkungen ist nicht zu rechnen, sofern man nicht mit Gewalt vorgeht.

Vorsicht! Nicht hinter dem Pferd stehen! Es könnte erschrekken und ausschlagen.

Verabreichen von Zäpfchen

Maßnahme I: Stellen Sie sich neben das Pferd.

Maßnahme II: Heben Sie den Schweif möglichst bis zur Senkrechten hoch.

Maßnahme III: Schieben Sie das Zäpfchen ca. vier Zentimeter tief in den Mastdarm ein.

Merke: Am besten gibt man ein Zäpfchen, nachdem das Pferd gerade Kot abgesetzt hat. Dies tut das Pferd meist kurz nach den Mahlzeiten. Äpfelt das Pferd innerhalb der nächsten halben Stunde, nachdem das Zäpfchen eingeführt wurde, muß ein neues gegeben werden, da die Wirkstoffe noch nicht über den Darm aufgenommen wurden.

Eingeben der Wurmpaste

Die Wurmpasten, die heute gehandelt werden, sind im Dosierspender erhältlich. So kann je nach Gewicht des Pferdes die genaue Menge verabreicht werden.

Wurmkuren sollten regelmäßig (viermal im Jahr), dabei u. a. direkt vor und nach der Weidesaison vorgenommen werden. Außerdem ist ein Wechsel der angebotenen Wurmmittel angezeigt, um nicht eine Resistenz der eventuell beim Pferd vorhandenen Würmer zu erzeugen. Über das Angebot der verschiedenen Wurmmittel kann Sie Ihr Haustierarzt beraten. Siehe auch Kapitel »Fohlenkolik«, Seite 107.

Maßnahme I: Schieben Sie die Tube seitlich, im zahnlosen Teil der Maulhöhle, ca. acht Zentimeter tief ins Maul.

Maßnahme II: Drücken Sie die Paste mit einem schnellen, kräftigen Druck ab.

Maßnahme III: Halten Sie den Kopf ca. eine Minute lang hoch (Nasenlinie waagerecht).

Merke: Ein Medikament kann nur dann sicher eingegeben werden, wenn das Maul völlig leer ist, also frei von Futterresten.

Verabreichung von Medikamenten ins Auge

Da Veränderungen am Auge sehr dramatisch verlaufen können, sollten Sie dem Auge auch in Anbetracht der Sehkraft-Erhaltung besondere Beachtung schenken.

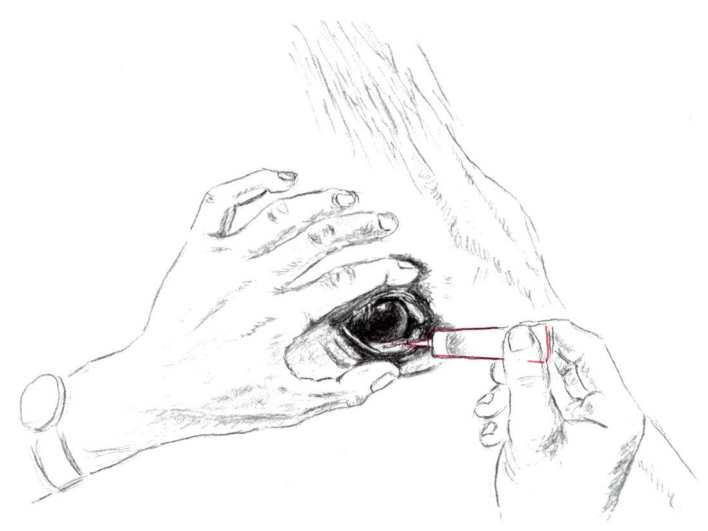

Sie können die Augensalbe direkt mit der Salbentube ins Auge drücken oder bei unruhigen Pferden mit der Fingerspitze. Sie lecken die Kuppe Ihres rechten Zeigefingers solange sauber, bis sie frei von jedem Schmutz ist. Dann geben Sie ein haferkorngroßes Salbenstückchen auf die Fingerkuppe und streichen diese von hinten nach vorne in den inneren vorderen Augenwinkel.

Der Rat Ihres Tierarztes sollte zur richtigen Behandlung führen. In Hinsicht auf die Häufigkeit, Dosierung und gebotenen Maßnahmen sollten Sie unbedingt den Anweisungen des Tierarztes folgen.

Soll mehrmals täglich ein Medikament ins Auge gebracht werden, verfahren Sie so:

Maßnahme I: Lesen Sie das Kapitel »Fremdkörper im Auge«.

Maßnahme II: Spreizen Sie mit dem Daumen das untere Lid ab.

Maßnahme III: Geben Sie mit der anderen Hand das Medikament in den inneren, vorderen Augenwinkel.

Injektionen

In seiner Psyche ist das Pferd in mancherlei Hinsicht empfindsamer als der Mensch; es hat ein sicheres Gespür für alles, was in seiner Umgebung vorgeht.

Unterhält sich z.B. der Tierarzt, wenn er die Box betritt, im gleichen Tonfall mit dem Besitzer wie zuvor, wird sich das Pferd eine Injektion ohne Abwehrhandlungen gefallen lassen. Reden Besitzer und Tierarzt jedoch gemeinsam mit »Ho, Ho« und «Ruhig, Ruhig» auf das Pferd ein, dann ist es sofort alarmiert. Es verkrampft sich, und die Injektion schmerzt wesentlich mehr, als wenn das Pferd locker dasteht. Und an der Injektionsstelle können erhebliche Schwellungen auftreten. So wird das Pferd Injektionen in unangenehmer Erinnerung behalten und seine Abwehrmaßnahmen von Mal zu Mal verschärfen. Solch ein Pferd kann gegenüber Tierarzt und Besitzer zu einem richtigen «Untier» werden.

Um das zu verhindern, gehen Sie so vor:

Maßnahme I: Reden Sie mit dem Tierarzt über belanglose Dinge. Sprechen Sie nie das Pferd direkt an.

Maßnahme II: Halten Sie es locker am Halfter, ohne es direkt anzusehen oder anzusprechen. Dann wird sich das Pferd nicht verkrampfen und schnell seine schmerzlose Injektion bekommen.

Anlegen von Verbänden

Wie man ein Pferd zum Verbinden festhält: Erste Methode

Ein verletztes Pferd stellt durch seine schmerzbedingten Abwehr-reaktionen für den festhaltenden Menschen eine erhebliche Gefahr dar. Wenn kein Helfer zur Hand ist, begegnen wir dieser Gefahr so:

Maßnahme I: Wir befestigen einen Strick in der Gegend des Nasenrückens am Halfter.

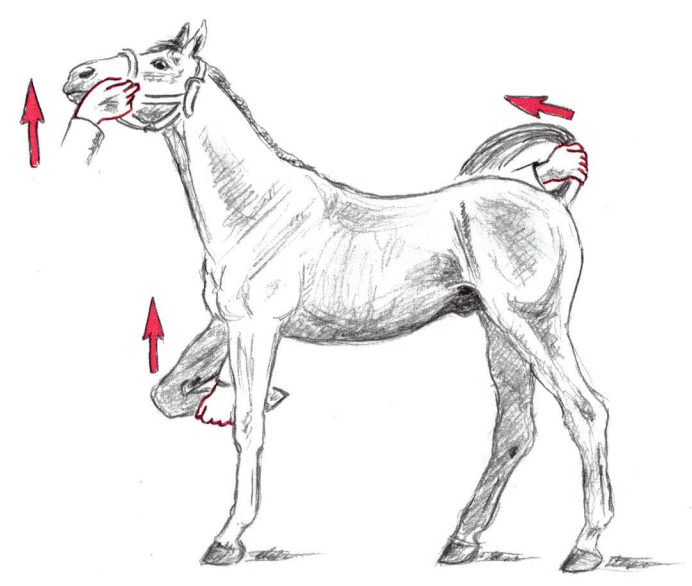

Am besten hat man ein Pferd »im Griff«, wenn Kopf und Schweif gleichmäßig von kräftigen Personen hochgehalten werden. Wird außerdem eine Gliedmaße aufge-halten, so kann an der gegenüberliegenden Gliedmaße gefahrlos ein Verband angelegt werden: Das Pferd kann die zu behandelnde Gliedmaße nicht mehr vom Boden nehmen.

Maßnahme II: Wir führen den Strick durch eine Öse der Anbindevorrichtung oder durch eine Öse an der Boxendecke und halten ihn mit einer Hand fest.

Maßnahme III: Mit der anderen Hand können wir nun das Pferd an allen Körperteilen untersuchen und behandeln, da es in seinen Bewegungsmöglichkeiten eingeschränkt ist.

Wie man ein Pferd zum Verbinden festhält: Zweite Methode

Wenn ein Pferd aber nun sehr unleidlich ist, weil es starken Schmerz empfindet und dabei vielleicht auch noch sehr erregt ist,

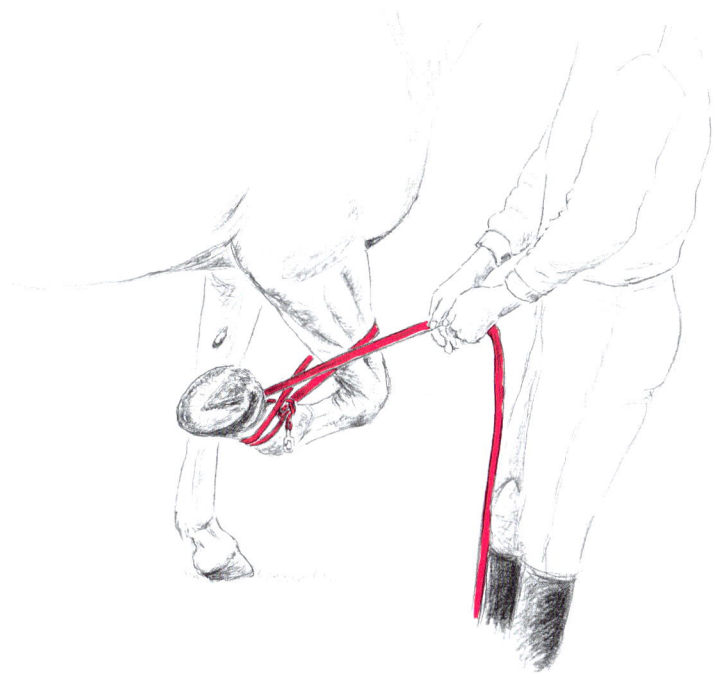

Wenn man das Pferd hinten rechts bandagieren will, sollte ein Helfer das rechte Vorderbein mit einem Strick fixieren und hochhalten.

kann es durch Auflegen der Nasenbremse ruhiger werden. Gehen Sie zweckmäßigerweise so vor:

Maßnahme I: Man legt einen Strick um die Vorderfessel.

Maßnahme II: Der Strick wird über das Pferd auf die andere Seite gegeben und dort straff gehalten.

Maßnahme III: Nun kann an der gegenüberliegenden Vordergliedmaße oder an der gleichseitigen Hintergliedmaßen ein Verband angelegt werden.

Merke: Die größte Sicherheit erreicht man, wenn man z. B. das rechte Vorderbein anhebt, falls man das rechte Hinterbein bandagieren will – und umgekehrt.

Anlegen eines Hufverbandes

Ein Hufverband wird dann erforderlich, wenn eine Wunde im Hufbereich bedeckt werden soll, oder aber, wenn der Tierarzt wegen Strahlfäule oder Hufkrebs einen Verband vorschreibt.

Stets wird zunächst ein Medikament aufgebracht und die betroffene Stelle gesondert abgedeckt. Fragen Sie dazu den Tierarzt!

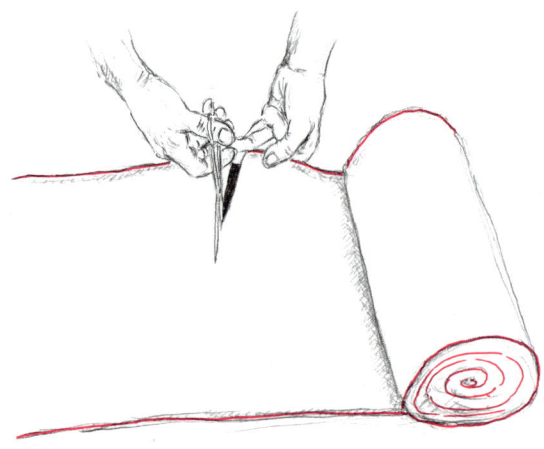

Der Hufverband: Wir schneiden uns von einer ca. 30 cm breiten Watterolle etwa 40 cm ab.

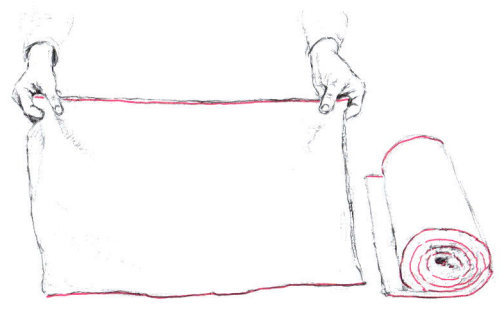

Der Hufverband: Am besten eignet sich Watte, die vom Hersteller in Gaze eingehüllt ist. Sie fällt nicht gleich auseinander, wenn man sie anfaßt. Absolut ungeeignet ist die schmale Putzwatte, die wir an Tankstellen bekommen.

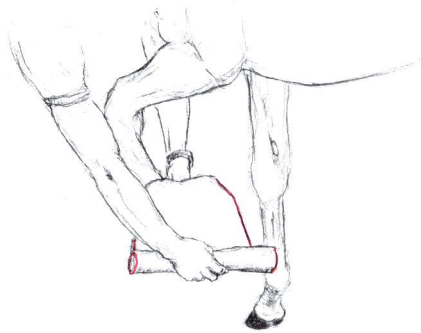

Der Hufverband: Wir legen das Wattestück über die Hufsohle.

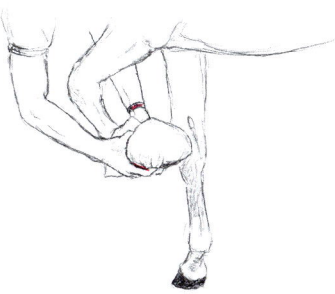

Der Hufverband: Die Watte muß den Kronsaum bedecken, damit hier keine Druckstellen entstehen können. Sie muß später aus den Bindenwicklungen hervorschauen.

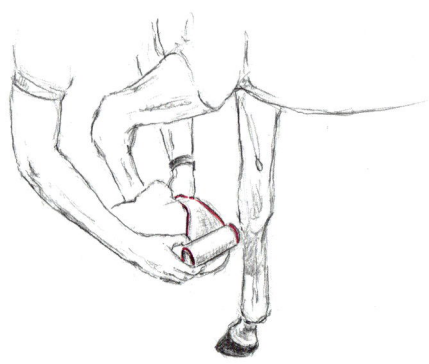

Der Hufverband: Wir beginnen mit dem Bandagieren in der Fesselbeuge und halten den Bindenanfang fest. Die erste Wicklung wird über den Huf gerollt.

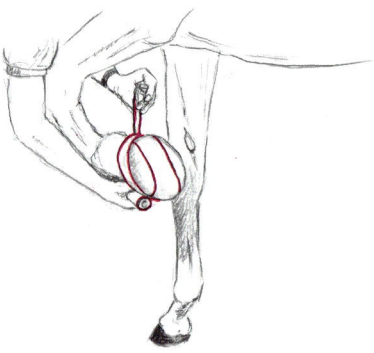

Der Hufverband: Die nächste Wicklung soll über die Krone gelegt werden, damit der Bindenanfang nun Halt hat.

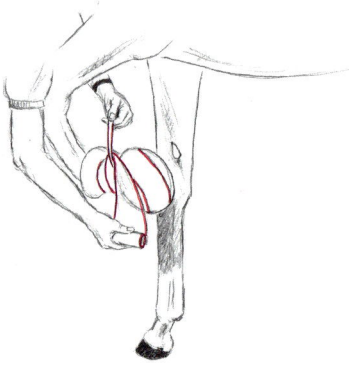

Der Hufverband: Alle weiteren Wicklungen werden dann um den Bindenanfang geführt.

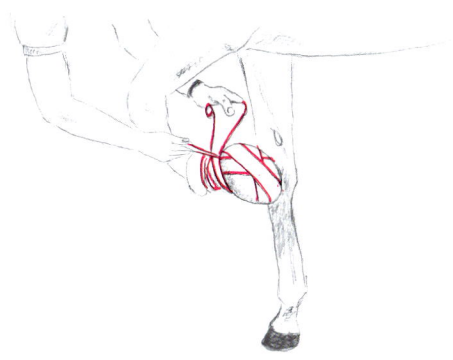

Der Hufverband: Mit jeder Wicklung wird die Hufsohle erneut bedeckt. Wir wickeln kreuz und quer über die Hufsohle und halten dabei den Bindenanfang fest.

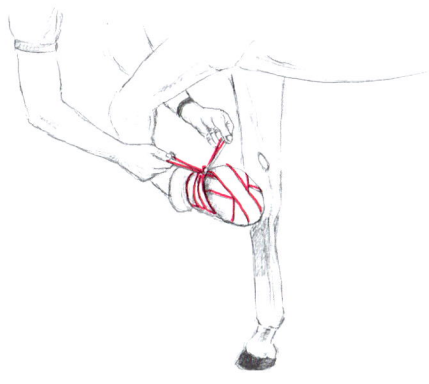

Der Hufverband: Zum Schluß werden Bindenanfang und Bindenende am Ballen fest verknotet.

Vermutet man ein Hufgeschwür, weil plötzlich eine Lahmheit mit starker Pulsation am Fesselkopf auftritt, dann kann man bis zur Ankunft des Tierarztes einen Schwitzverband anlegen. Dadurch reift der Krankheitsprozeß heran, und der Tierarzt kann das Hufgeschwür leichter freilegen.

Maßnahme I: Bei der Polsterung des Hufes darf die gleichzeitige Polsterung des Kronsaumes nicht vergessen werden.

Maßnahme II: Der Bindenanfang wird in der Ballengegend mit einer Bandagenwicklung um die Fessel festgehalten.

Maßnahme III: Alle weiteren Wicklungen werden um den Bindenanfang geführt, so daß die Sohle mehrfach umwickelt wird.

Maßnahme IV: In der Fesselbeuge werden Bandagenanfang und -ende verknotet.

Maßnahme V: Soll ein Schwitzverband angelegt werden, dann stülpt man zwischen den ersten beiden Maßnahmen noch eine Plastiktüte über die Watte.

All dies klingt komplizierter, als es ist. Schauen Sie sich also die Zeichnungen der Reihe nach an und üben Sie das Anlegen von Verbänden! Nur dann können Sie in einem wirklichen Notfall fachgerecht helfen.

Anlegen eines Fesselkopfverbandes

Maßnahme I: Polstern Sie zunächst den Fesselkopf und seine Umgebung gut mit Watte. Die Watte muß nachher aus dem fertigen Verband hervorschauen, da die angelegte Bandage sonst abschnüren kann.

Maßnahme II: Mit dem Wickeln beginnen wir außen, dicht über dem Fesselkopf.

Maßnahme III: Halten Sie den Bandagenanfang fest. Wickeln Sie langsam am Bein – schräg nach oben ziehend – hoch, bis Sie knapp unterhalb des Polsters angekommen sind. Nun wickeln Sie wieder – langsam nach unten ziehend – bis zum Fesselgelenk.

Maßnahme IV: Über das Gelenk wickeln Sie in sehr schrägen Touren herunter und wieder herauf. Dann das Ganze wieder herunter und herauf; dabei muß jede Wicklung ein wenig zur vorherigen Wicklung versetzt werden.

Maßnahme V: Wickeln Sie nun »in Serpentinen« wieder herauf bis zum Bindenanfang.

Maßnahme VI: Verknoten Sie den Bindenanfang seitlich mit dem Bindenende. Der Knoten soll weder auf der Vorderseite der Sehnen oder des Knochens noch auf der Hinterseite der Sehnen

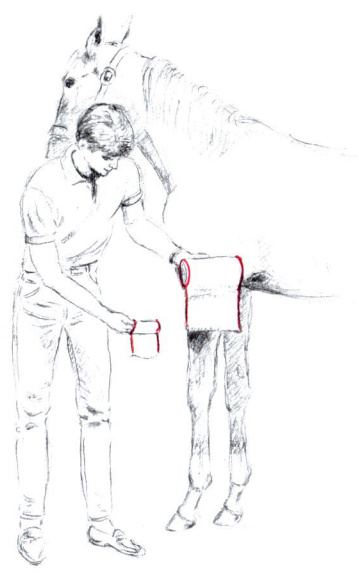

Fesselkopfverband: Wir brauchen für einen gut sitzenden Fesselkopfverband eine Watterolle (ca. 30 cm breit) und eine Bandage (ca. 8–10 cm breit). Am besten eignet sich eine Elastikbandage oder eine Equihaft-Bandage. Nicht geeignet sind Mullbinden.

(links):

Fesselkopfverband: Die Watte wird nun auf den Fesselkopf gerollt.

(rechts):

Fesselkopfverband: Die Polsterwatte wird gleichmäßig in ca. drei Lagen um das Gelenk gewickelt.

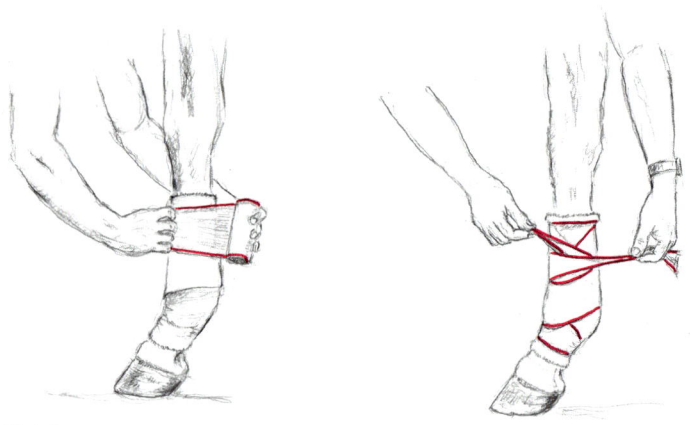

(links):

Fesselkopfverband: Wir beginnen mit dem Bandagieren in der Röhrbeinmitte und halten den Bindenanfang hier fest.

(rechts):

Fesselkopfverband: Wir wickeln nun in Achtertouren schräg über das Gelenk nach unten und wieder schräg über das Gelenk nach oben und halten dabei den Bindenanfang fest. Zum Schluß verknoten wir Anfang und Ende auf der Mitte des Röhrbeins seitlich. Die Bindenenden werden unter die vorherigen Bindenwicklungen gestopft.

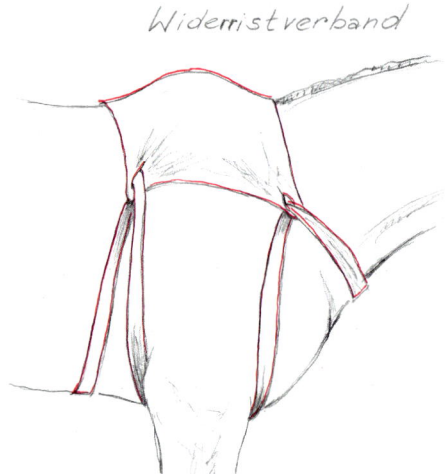

Widerristverband

An jeder beliebigen Körperstelle läßt sich ein Verband anlegen. Man braucht dazu ein Tuch (z. B. Handtuch) und eine Bandage. Unter einem Verband heilen Wunden schneller. Mit einem Verband wirken viele Salben intensiver.

132

liegen – sondern seitlich zwischen den Sehnen.

Maßnahme VII: Schieben Sie den Knoten mit den beiden herausschauenden Bindenenden unter eine Bandagenwicklung. Eventuell betupfen Sie den Verband mit einem übelschmeckenden Mittel, z. B. mit Finalgon®, das Sie eventuell mit drei Teilen Wasser verdünnen. Das Pferd wird nun den Verband nicht mehr anknabbern. Tut es das doch, dann verfahren Sie wie im Kapitel »Verbände anfressen« (Seite 135) dargestellt.

Merke: Bei jedem Verband muß die Watte oben und unten überstehen. Der sicherste Verband ist jener, bei dem Bindenanfang und Bindenende miteinander verknotet werden können. Über ein Gelenk muß sehr schräg gewickelt werden: Derart gibt man dem Verband den nötigen Halt und es spielt keine Rolle, wenn sich das Pferd mit dem Verband in der Box bewegt.

Anlegen eines hohen Verbandes: am Ellbogengelenk

Merke: In diesem Beinbereich rutscht jeder Verband wegen der Form des Beines dort oben. Deshalb muß ein Verband von unten aufgebaut werden.

Maßnahme I: Polstern Sie die Gliedmaße ausgiebig, z. B. mit einer Rolle Toiletten- oder Küchenpapier – am besten natürlich mit Polsterwatte.

Maßnahme II: Besorgen Sie ein Stück Gartenschlauch von etwa zwei bis zweieinhalb Metern Länge. Legen Sie den Schlauch U-förmig hinter die Gliedmaße, so daß die eine Schlauchhälfte auf der Innenseite der Gliedmaße und die andere auf der Außenseite nach oben zeigt.

Maßnahme III: Knoten Sie den Bandagenanfang unten am Schlauch an und wickeln Sie die Bandage immer einmal um den Schlauch und einmal um die Gliedmaße. Auf diese Weise ist der Schlauch als Stütze des Verbandes wirksam. Würden wir ihn nicht extra mit einer Bindenwicklung fixieren, dann könnte er leicht hin und her rutschen. Ist die erste Bandage verbraucht, dann sind Sie etwa in Höhe des Vorderfußwurzel- bzw. Sprunggelenkes angelangt. Knoten Sie eine weitere Bandage an und verfahren Sie weiter wie bisher. Jede Wicklung ist einzeln strammzuziehen.

Maßnahme IV: Wenn Sie den Verband bis in Höhe der Wunde aufgebaut haben, dann legen Sie eine sterile Wundauflage – Mullkompresse, heiß gebügeltes Taschentuch o. ä. – auf die Wunde, polstern die Wundumgebung und führen den Schlauchverband weiter nach oben fort.

Maßnahme V: Verknoten Sie das Ende direkt am Schlauch, wenn Sie eine Handbreite oberhalb der Wunde angekommen sind.

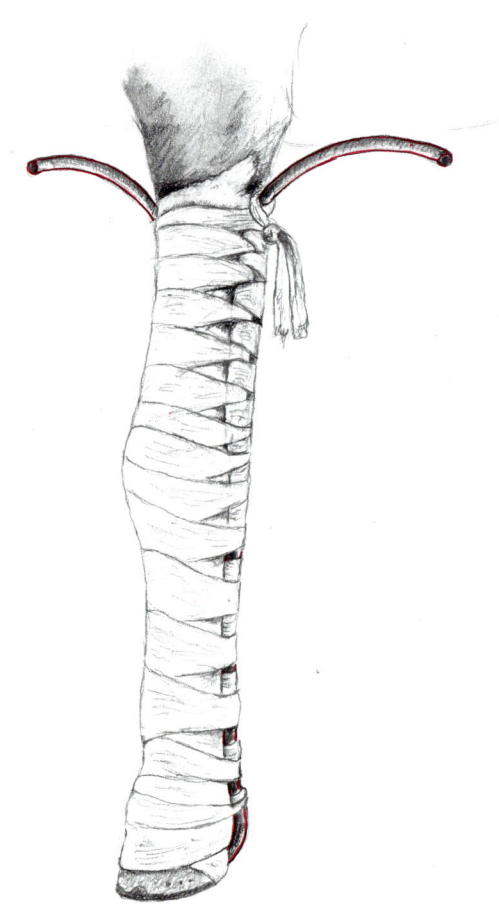

Hoher Verband mit Gartenschlauch als Stütze

Verbände anfressen

Manchen Pferden ist ein Verband unangenehm, andere irritiert der eventuell auftretende Juckreiz einer abheilenden Wunde, und wieder andere langweilen sich nach wochenlangem Stehen derart, daß sie versuchen, sich ihres Verbandes zu entledigen.

Damit der Verband aber bis zur Abnahme dem Zweck dient, die Wunde zu schützen, sollten Sie etwas unternehmen.

Maßnahme I: Bestreichen Sie die dem Pferd zugewandte Verbandsseite mit verdünntem Finalgon®.

Maßnahme II: Hat das keine Wirkung, legen Sie dem Pferd eine Halskrause um. Diese Vorrichtung schränkt seine Kopfbewegungen ein.

Maßnahme III: Eventuell reicht ein Beißstab aus, um das Pferdemaul vom Verband fernzuhalten: Befestigen Sie einen Besenstiel zwischen Bauchgurt und Halfter mit Bindfäden.

Maßnahme IV: Sollten die oben geschilderten Maßnahmen keinen Erfolg zeitigen, dann müssen Sie das Pferd anbinden. Am sichersten ist es, wenn Sie das Pferd mit seinem Hinterteil in eine Ecke des Stalles stellen und es beiderseits anbinden oder es in einem Ständer mit Flankierbäumen zu beiden Seiten unterbringen.

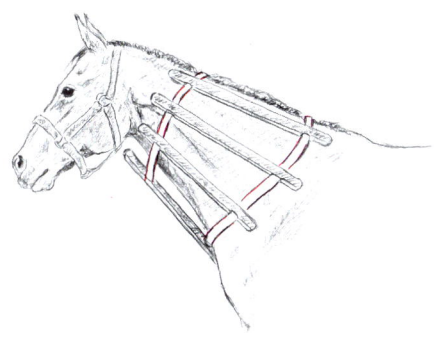

Ein Halskragen oder ein Beißstab (nächste Seite) sind im Reitsport-Zubehörhandel erhältlich. Sie sorgen dafür, daß das Pferd den Verband nicht abfressen kann oder die umgelegte Decke nicht herunterreißt.

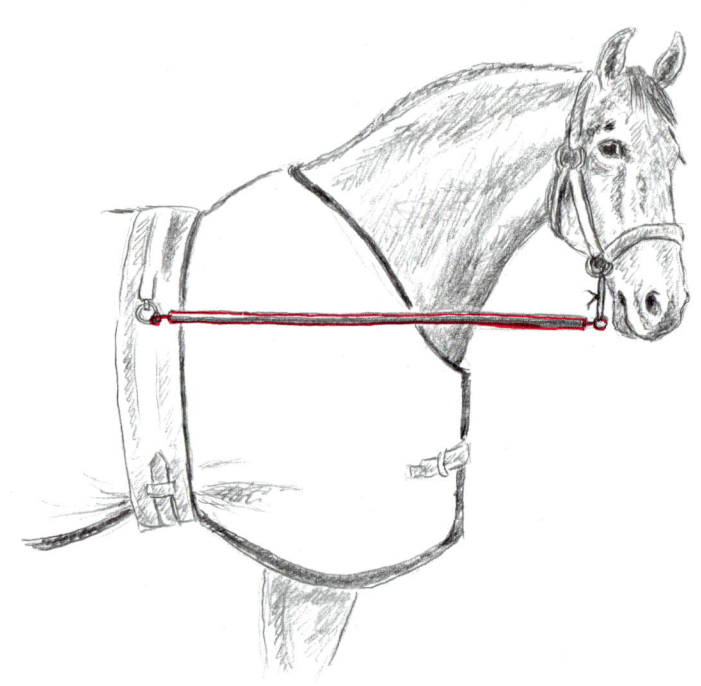

Der Beißstab verhindert, daß sich das Pferd an der Decke zu schaffen macht!

Notfälle

Das Verladen der Pferde

Das Verladen und der Transport von Pferden sind manchmal von
großer Wichtigkeit. Sie können zum Überleben eines Pferdes
beitragen z. B. bei einer schweren Kolik, einem vielleicht repara-
blen Knochenbruch oder einem im Gelände auftretenden Kreuzverschlag. Pferde sollten deshalb schon in frühem Alter an das
Aufladen und Fahren gewöhnt werden.

Bevor man zum erstenmal verlädt, sollten Fohlen oder Pferd an
das Halfter und das Führen gewöhnt sein. Man erleichtert dem
Pferd diesen Lernprozeß, wenn man mit Ruhe und Verstand
vorgeht. Ein erfahrener Pferdefachmann kann mit Rat und Tat
viele Fehler vermeiden helfen.

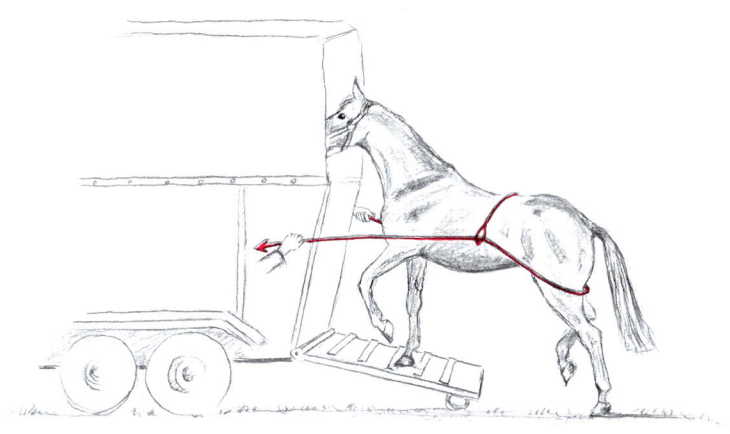

Junge Pferde brauchen beim Aufladen einen seitlichen Halt. So kann man z. B.
auf beiden Seiten je einen Strick strammhalten. Ein Schlaufenstrick über dem
Rücken sorgt für die richtige Höhe. Eine weitere Person führt das Pferd behutsam
auf den Hänger, indem sie vor ihm hergeht. Drei Personen sind für dieses
Aufladen notwendig.

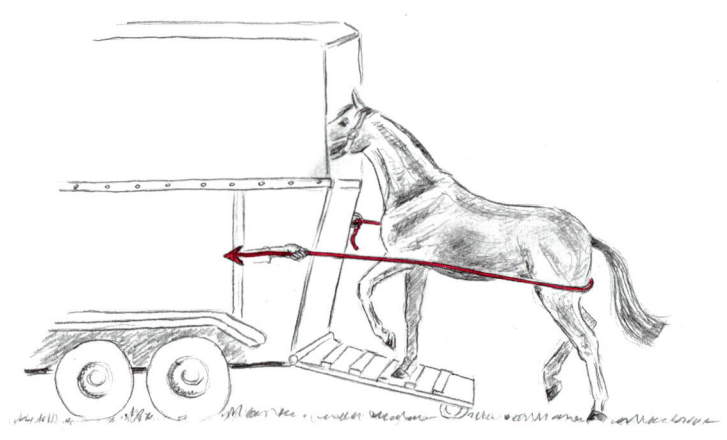

Viele Pferde lassen sich besser auf einen Hänger führen, wenn nur eine Person damit beschäftigt ist. Mit einem langen Strick kann das Pferd gleichzeitig hereingezogen und von hinten geschoben werden.

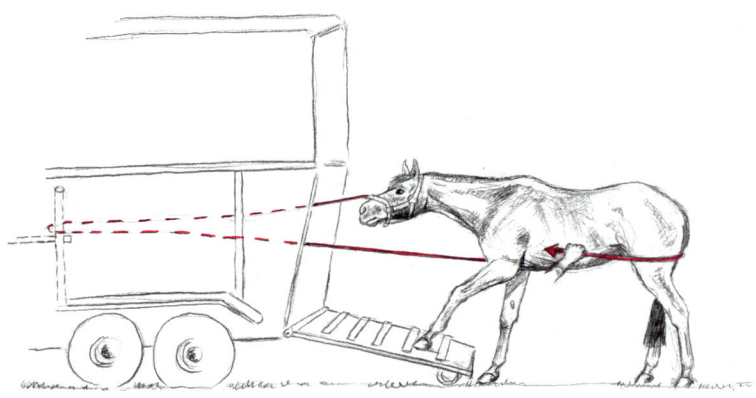

Wie wird das liegende Pferd transportiert?

Liegend darf man ein Pferd nur dann transportieren, wenn es trotz sachgemäßer Hilfeleistung nicht alleine aufstehen kann. Ansonsten sind die hier beschriebenen Maßnahmen gefährlich für Mensch und Tier.

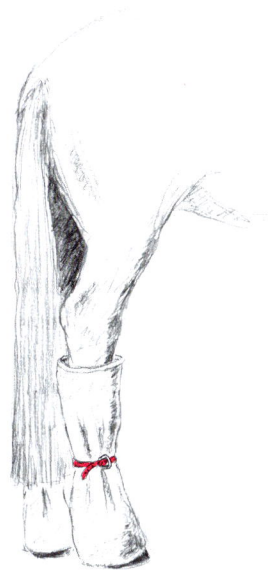

Derart »eingepackt« kann sich das Pferd beim Ausschlagen auf dem Hänger nicht so leicht verletzten. Man kann teure Transportgamaschen kaufen oder sich mit einem Stück Teppich (wie auf der Zeichnung) helfen.

Maßnahme I: Legen Sie eine große Matte oder ein Brett neben das Pferd. Diese Unterlage muß mit Stroh oder Wolldecken aufgepolstert werden.

Maßnahme II: Befestigen Sie Seile an den unten liegenden Beinen.

Maßnahme III: Wälzen Sie das Pferd mit Hilfe der Seile über den Rücken, bis es auf der Unterlage liegt.

Maßnahme IV: Mit mehreren Personen können Sie jetzt die Unterlage samt Pferd auf einen Pferdetransporter ziehen.

Wie wird ein verletztes Tier hingelegt?

Merke: Diese Methode ist nur unter tierärztlicher Aufsicht und nach vorherigem Betäuben des Pferdes möglich.

Maßnahme I: Stellen Sie ein großes Brett mit entsprechender Polsterung für Kopf und Schulter neben das Pferd.

Maßnahme II: Schnallen Sie das Pferd am Brett fest.

Maßnahme III: Nun können drei kräftige Personen das Pferd auf die Seite legen.

Ist kein brauchbares Brett vorhanden, dann kann das Pferd auch an eine stabile, breite Leiter gebunden werden.

Transport eines Pferdes mit Verdacht auf Beinbruch

Merke: Zeigt ein Pferd eine hochgradige Lahmheit, bei der das untere Gliedmaßenteil des betroffenen Beines eine abnorme Beweglichkeit aufweist, dann besteht der Verdacht auf Beinbruch. Da jeder unsachgemäße Transport den Zustand verschlimmern kann, muß das betreffende Bein beim Transport zum Röntgen in eine Klinik ruhiggestellt werden.

Stellen Sie zumindest ein Gelenk oberhalb und ein Gelenk unterhalb der vermuteten Bruchstelle ruhig. Mit dieser Stütze kann das Pferd auf einen Transporter mit möglichst flacher Rampe geführt werden.

Maßnahme I: Polstern Sie das Bein mit Watte und bandagieren Sie es.

Maßnahme II: Legen Sie einen festen Gartenschlauch U-förmig an die Innen- und Außenseite des Beins. Ist kein Schlauch vorhanden, dann nehmen Sie zwei stabile Reitgerten, von denen Sie die eine auf die Innen-, die andere auf die Außenseite legen.

Maßnahme III: Knoten Sie den Bandagenanfang am unteren Schlauchteil – bei einer Gerte am dicken Ende – fest.

Maßnahme IV: Verfahren Sie weiter wie auf den Seiten 133 und 134 beschrieben.

Um das Pferd fachgerecht transportieren zu können, müssen

1. Hautwunden mit sterilen Kompressen (auch frischgebügelte Taschentücher) abgedeckt werden.
2. Blutungen durch einen Druckverband gestillt werden.
3. eventuell gebrochene Glieder mit einem stabilen Verband versorgt werden.

4. die gesunden Glieder mit einem Stützverband versehen werden.

Das Einschläfern eines Pferdes

Es kann Situationen geben, in denen ein Pferdeleben nicht mehr zu retten ist. Um dem Pferd weitere unsinnige Schmerzen zu ersparen, muß es eingeschläfert werden. Es gibt zwei Möglichkeiten, über die man sich klar werden sollte, bevor man unüberlegt handelt.

1. Das Pferd wird durch eine Injektion eingeschläfert. Im allgemeinen gibt der Tierarzt dem betroffenen Pferd zunächst eine Beruhigungsspritze und ein paar Minuten später eine intravenöse Injektion, die innerhalb von Sekunden zum Tod des Pferdes führt. Der Tierkörper muß dann von einer Tierkörperbeseitigungsfirma abgeholt werden. In jedem Landkreis gibt es ein dafür zuständiges Unternehmen. Der Tierarzt wird Ihnen die Telefonnummer nennen.

2. Das Pferd wird vom Schlachter mit Hilfe des Bolzenschußgerätes erlöst. Diese Methode ist für das Pferd sicherlich ebenso wenig spürbar wie die oben geschilderte. Allerdings ist das Erschießen eines Pferdes für die Umstehenden ein furchtbareres Erlebnis als das Einschläfern.

   Das erschossene Pferd muß sofort, an Ort und Stelle, vom Schlachter ausgeblutet werden. Anderenfalls ist der Tierkörper nicht mehr tauglich. Für ein erschossenes Pferd gibt es im Gegensatz zum eingeschläferten Pferd noch Geld.

Feuer im Pferdestall

Wenn im Pferdestall Feuer entstanden ist, gilt als oberstes Gebot: *Ruhe bewahren! Erst nachdenken – dann handeln!*

Maßnahme I: Halten Sie unbedingt Fenster und Türen geschlossen, um weitere Sauerstoffzufuhr zu unterdrücken.

Maßnahme II: Retten Sie zuerst die Menschen, dann die Tiere. Dann erst helfen Sie beim Feuerlöschen.

Maßnahme III: Da sich ein Pferd nur widerstrebend aus einem brennenden Stall führen läßt, holen Sie es mit zwei Personen heraus: Eine Person führt, eine Person treibt von hinten.

Maßnahme IV: Bringen Sie die Pferde in einen geschlossenen Auslauf. Pferde zieht es in den Stall zurück – selbst wenn der brennt. Lassen Sie sie nicht auf die Straße rennen! Dort könnte es zu Zusammenstößen mit Autos kommen.

Maßnahme V: Falls die normalen Stalleingänge durch das Feuer versperrt sind, müssen Sie die Wand einbrechen:

a) Holen Sie einen schweren Telegrafenmast oder eine Hindernisstange aus dem Springparcours.

b) Hängen Sie den Telegraphenmast oder die Hindernisstange in zwei Tücher. Mit zumindest vier Personen schwingen Sie die Ramme gegen die Steinwand, bis die Öffnung groß genug ist. Vergewissern Sie sich, daß kein brennendes Material auf die Helfer fallen kann.

Merke: Sehen Pferde in der Nähe ihrer Box Feuer, dann werden sie in höchste Erregung versetzt. Oft werden sie aggressiv gegenüber den Menschen, die sie herauszuholen versuchen. Sie beißen und schlagen.

Dagegen gibt es einen einfachen Trick: Werfen Sie eine Jacke oder Decke über den Pferdekopf, damit das Pferd das Feuer nicht mehr sehen kann. Führen Sie das Pferd einmal im Kreis und bringen Sie es dann aus der Gefahrenzone.

Vorbeuge: Sorgen Sie dafür, daß niemand im Pferdestall raucht. Besonders Erwachsene, die den Jugendlichen als Vorbilder dienen, sollten sich strikt an das Rauchverbot im Stall halten.

Machen Sie aufmerksam auf defekte Schalter und Stromleitungen, die einen Brand auslösen können.

Wenn offene Feuer entzündet werden, sollten Sie gebührenden Abstand zum Stall halten und auf die Windrichtung achten: Funkenflug könnte den Stall und Ihre Pferde in Gefahr bringen.

Lagern Sie Heu und Stroh nicht offen an der Stallwand, sondern auf dem Dachboden oder in einer dafür vorgesehenen Laube.

Wichtig: Sorgen Sie für das Vorhandensein von Feuerlöschern, die Sie zumindest alle zwei Jahre von einem Fachmann auf Funktionstüchtigkeit überprüfen lassen.

Sorgen Sie für ein funktionierendes Telefon, mit dem im Notfall die Feuerwehr verständigt werden kann. Falls es sich um einen Münzfernsprecher handelt, deponieren Sie neben dem Telefon ein paar Groschen in einem Plastiktütchen. Bringen Sie dort auch Telefonnummern für den Notfall deutlich sichtbar an.

Sparen Sie bei solchen Maßnahmen nicht!

Oft wehren sich Pferde gegen das Herausholen aus einem brennenden Stall. Sie wollen die vertraute Umgebung nicht verlassen. Mindestens zwei Personen sollten das Pferd herausführen. Ein Stallhalfter sollte in jeder Stallgasse erreichbar sein. Wenn es in einem Schrank verschlossen ist, kann in Notsituationen die Hilfe sehr erschwert sein.

Verbrennungen

Nur leichte Verbrennungen kann man selbst behandeln. Neben lokalen Veränderungen der Haut und des Gewebes darunter können sich Folgen für den gesamten Organismus einstellen, die sich in Form von Schockerscheinungen äußern. Höchst wichtig ist, daß Dreck und Bakterien ferngehalten werden. Darum müssen Wundauflagen extrem steril sein: heiß bügeln, keine Tücher aus dem Wäscheschrank nehmen. Fragen Sie den Tierarzt!

Bei Verbrennungen des Pferdes unterscheidet man vier Grade:

A) *Verbrennungen ersten Grades*

Die Haut ist nicht wund, sondern lediglich schmerzhaft und geschwollen. Die Haare sind angesengt. Benachrichtigen Sie den Tierarzt.

Maßnahme I: Legen Sie auf die Brandstellen saubere, feuchte Tücher. Kühlen Sie mit kaltem Wasser oder Eis.

Maßnahme II: Sorgen Sie für abgekochtes Wasser, beschaffen Sie weitere Tücher (z. B. heiß gebügelte Bettlaken).

B) *Verbrennungen zweiten Grades*

Neben den Erscheinungen ersten Grades kommt eine erhebliche Blasenbildung hinzu. Die Blasen sind mit einer dünnen, gelblichen Flüssigkeit gefüllt. Sie können bei Bewegung, Kratzen oder Scheuern platzen. Häufig resultieren daraus schlecht heilende Wunden.

Falls der Tierarzt nicht schnell kommen kann, gehen Sie wie unter A) beschrieben vor.

C) *Verbrennungen dritten Grades*

Große Körperflächen sind wund und hochgradig schmerzhaft. Die Haut stirbt nach acht bis zehn Tagen ab und es bildet sich Schorf.

Maßnahme I: Falls der Tierarzt nicht schnell kommen kann, legen Sie große, saubere, mit sauberem Wasser angefeuchtete Handtücher auf die Wunden. Auf keinen Fall Watte verwenden.

Maßnahme II: Gehen Sie vor, wie unter A II beschrieben.

Merke: Kleine Verbrennungen dritten Grades werden auch beim Brennen der Fohlen mit dem Brenneisen erzeugt.

D) Verbrennungen vierten Grades

Die verbrannten Teile des Pferdes sind schwarz, vollkommen ausgetrocknet und morsch. Handeln Sie wie oben beschrieben.

Gefahr des Ertrinkens

Pferde können sich nur dann selbst aus einem Gewässer befreien, wenn das Ufer ausreichend schräg ist. Fällt ein Pferd z. B. in ein Schwimmbad, dann sollten Sie so vorgehen:

Maßnahme I: Lassen Sie das Wasser ab.

Maßnahme II: Benachrichtigen Sie die Feuerwehr.

Maßnahme III: Füllen Sie entweder Erde ein, damit sich das Pferd selbst befreien kann, oder ziehen Sie es mit alten Feuerwehrschläuchen heraus wie im nächsten Abschnitt beschrieben.

Maßnahme IV: Hat das Pferd viel Wasser in die Lunge bekommen, wird es heftig atmen: mehr als 20mal, oft sogar 80mal pro Minute. Benachrichtigen Sie umgehend den Tierarzt!

Maßnahme V: Halten Sie den Kopf des Pferdes mit langen Stricken so, daß der Hals gestreckt ist. Eventuell hustet das Pferd Wasser aus. Im allgemeinen ist dieser Fall nicht lebensgefährlich.

Festliegen im Gelände

Meist kann sich ein Pferd nicht aus eigener Kraft befreien, wenn es z. B. bei einer Jagd in einen Graben rutscht oder in ein tiefes Hindernis wie etwa eine Jauchegrube oder ein Schwimmbad.

Maßnahme I: Nehmen Sie den Sattel ab. Legen Sie ein möglichst starkes Halfter auf.

Maßnahme II: Besorgen Sie zwei mindestens fingerdicke Stricke oder zwei alte Feuerwehrschläuche von je vier Metern Länge. Legen Sie diese diagonal über das Pferd und umschlingen Sie je eine Gliedmaße.

Maßnahme III: Stecken Sie einen dicken Stock (z. B. eine

Hinternisstange) in Rückenmitte durch den Strick und drehen Sie den Stock zweimal um seine Achse.

Maßnahme IV: Heben Sie mit mehreren Personen das Pferd an. Benutzen Sie einen Kran von der Feuerwehr, wenn Sie einen auftreiben können.

Merke: Versuchen Sie niemals alleine, ein Pferd an einem Halfter herauszuziehen, auch nicht mit einem Gurt, den Sie um den Rumpf des Pferdes gelegt haben. Sie könnten sich in Lebensgefahr bringen!

Festliegen im Stall

Ist ein Pferd auf Beton ausgerutscht und liegt es fest in der Box oder auf der Stallgasse, dann müssen Sie bestimmte Körperstellen besonders polstern, bevor Sie weitere Schritte unternehmen.

Maßnahme I: Ziehen Sie das unten liegende Vorderbein nach vorne, damit es in der Schultergegend nicht zu einer Nervschädigung kommt.

Maßnahme II: Schieben Sie Stroh oder ein Stoffpolster zwischen Halfter und Kopf, damit der Nerv der Gesichtsmuskulatur geschützt wird.

Maßnahme III: Muß ein Pferd bis zum Eintreffen des Tierarztes längere Zeit liegen, dann sollte es möglichst überall mit Stroh gepolstert werden, vor allem, wenn es mit den Beinen rudert.

Maßnahme IV: Stricke um die unten liegende Vordergliedmaße und unten liegende Hintergliedmaße können helfen, das Pferd auf die andere Seite zu drehen.

Aufstehhilfe

Maßnahme I: Legen Sie dem Pferd ein stabiles Halfter auf.

Maßnahme II: Befestigen Sie an dem Halfter zwei Stricke, die Sie rechts und links in zwei bis drei Meter Höhe über eine Stange ziehen. Halten Sie die Stricke stramm und richten Sie so den Kopf auf.

Maßnahme III: Ziehen Sie die Vorderbeine gestreckt nach vorn. Oft geht das am besten mit kurzen Stricken, die Sie an den Vorderfesseln befestigen.

Maßnahme IV: Schieben Sie die Hintergliedmaße unter die Körpermitte. Helfen Sie gegebenenfalls mit Stricken nach.

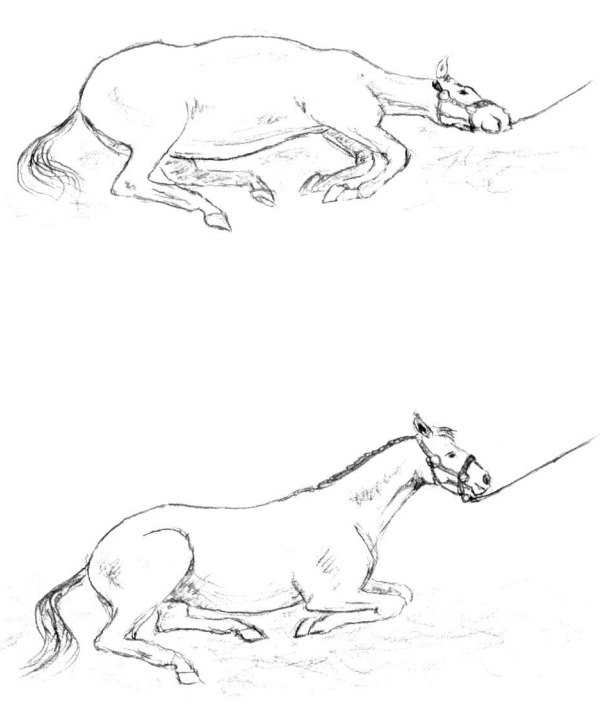

Dem liegenden Pferd wird zuerst ein Halfter aufgelegt, dann werden Kopf, Hals und Brust aufgerichtet.

Die Vorderbeine werden gestreckt nach vorne gezogen. Am besten funktioniert das mit kurzen Stricken. Dann wird das Pferd aufgetrieben. Achtung: Nach vorne braucht es dazu mindestens einen Meter Platz!

Maßnahme V: Treiben Sie das Pferd auf, indem Sie es anschreien oder mit der flachen Hand auf die Brust schlagen.

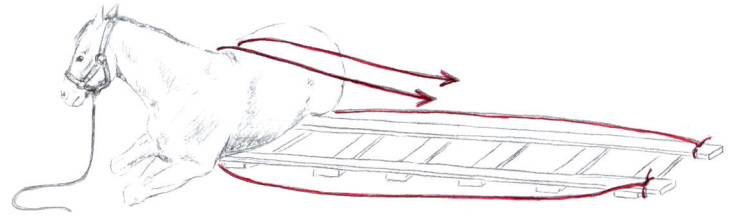

Kann ein Pferd sich absolut nicht selbst helfen, dann sollte man es auf eine stabile Leiter oder eine feste Holztür ziehen. Mehrere kräftige Männer können es dann aufrichten.

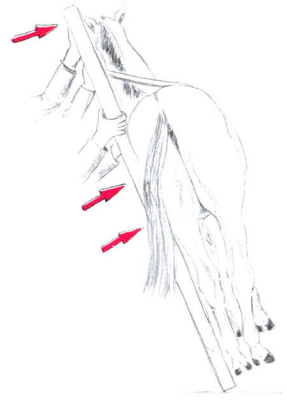

Mit vereinten Kräften wird das Pferd in eine senkrechte Position gebracht.

Schlagen Sie mit beiden Händen versetzt, dann entsteht ein »Doppelschlag«. Diese Methode ist wirkungsvoller, als es Peitschenschläge wären, die für das Tier Schmerzen und Kraftverlust bedeuten.

Maßnahme VI: Zum Aufstehen benötigt das Pferd mindestens einen Meter Spielraum nach vorne, da es beim Hochschieben der Hinterhand einen Schritt vorwärtstritt. Ziehen Sie das Pferd gegebenenfalls am Schweif nach hinten, bevor Sie es auftreiben.

149

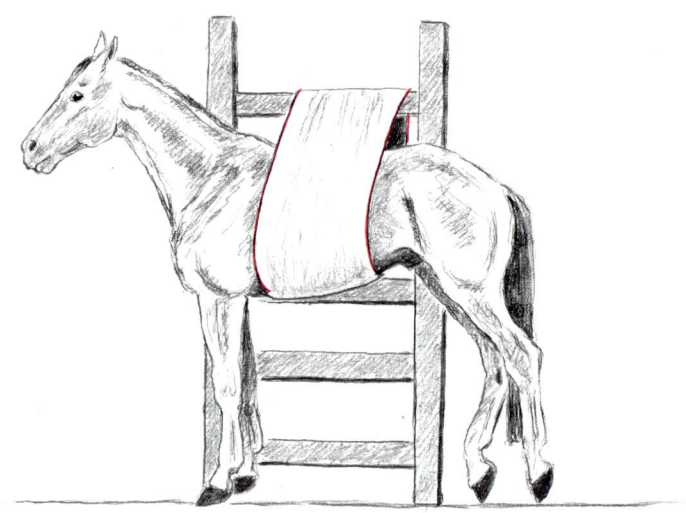

Maßnahme VII: Das Pferd kann nur dann aufstehen, wenn der Boden genügend Halt gibt. Bringen Sie eine Schicht Mist auf den Boden auf, keinesfalls Stroh – wegen der Rutschgefahr.

Maßnahme VIII: Läßt sich das Pferd so nicht auftreiben, und ist auch nicht eine Erkrankung Ursache für das Festliegen, dann kann das Pferd durch Atemhemmung zum Aufstehen veranlaßt werden: Halten Sie mit den Händen beide Nüstern ca. eine bis zwei Minuten zu. Steht das Pferd immer noch nicht auf, sind gesundheitliche Probleme zu befürchten. Benachrichtigen Sie den Tierarzt.

Unfallvorbeuge

Anbinden: Beim Anbinden soll der Knoten so geknüpft sein, daß er sich durch einen Ruck am Strickende lösen läßt, falls das Pferd in Panik gerät.

Binden Sie niemals ein Pferd an einer Trense oder Kandare an. Balken, die sich bei einem Rucken des Pferdes lösen könnten, sollten nicht als Anbindehalterung verwendet werden. Gerät das Pferd in Panik, dann zieht es den Balken hinter sich her.

Führen oder Longieren: Wickeln Sie sich beim Führen weder einen Strick, noch die Zügel, noch die Longe um die Hand. Gerät das Pferd in Panik, ist ganz schnell ein Handknochen gebrochen. Außerdem besteht die Gefahr, vom Pferd mitgeschleift zu werden. Schlimme Verletzungen können die Folge sein!

Schuhwerk: Wer viel mit Pferden umgeht, sollte festes Schuhwerk tragen, möglichst Schuhe mit Stahlkappen.

Nägel: Vorstehende Nägel sind eine häufige Unfallursache. Das Pferd kann sich mit dem Halfter festhaken und in Panik geraten.

Die Wände einer Box müssen stabil sein. Sonst kann sich das Pferd erhebliche Verletzungen zufügen.

Vorstehende Nägel in der Pferdebox müssen sofort entfernt werden.

falsche Abstände

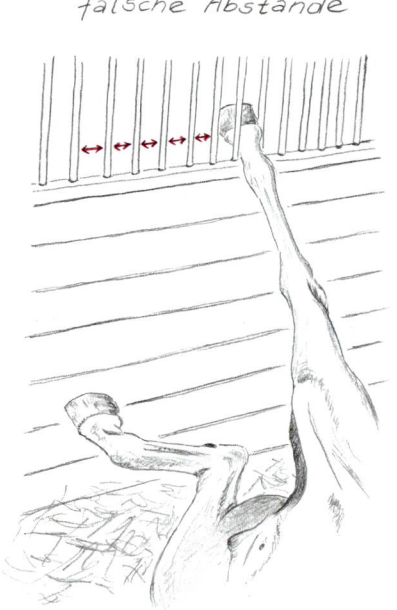

Ziehen Sie solche Nägel heraus und verwenden Sie eventuell nur sogenannte Drallschlagnägel in der Pferdebox.

Huffett: Achten Sie beim Einfetten der Hufe unbedingt darauf, daß kein Fett auf die Stallgasse gelangt. Pferde können leicht darauf ausrutschen.

Spiegel in der Reithalle: Bevor Sie Pferde in der Reithalle frei laufen lassen, müssen Sie unbedingt die Spiegel verhängen. Pferde könnten sich im Spiegel sehen und auf den vermeintlichen Artgenossen zustürmen. Böse Schnittverletzungen sind die Folge. Dies gilt insbesondere für junge Pferde und solche, die längere Zeit in der Box gestanden haben und nicht genügend bewegt wurden. Sie könnten aus Übermut in den Spiegel springen.

Behandlung kleiner Wunden

Maßnahme I: Waschen Sie die Wunde mit einer Rivanol- oder Entozonlösung aus.

Maßnahme II: Sprühen Sie die Wunde zweimal täglich mit einem antibiotischen Spray ein. Sprechen Sie mit dem Tierarzt darüber.

Maßnahme III: Prüfen Sie, ob Ihr Pferd im richtigen Abstand gegen Wundstarrkrampf geimpft worden ist: zwei Grundimpfungen im Abstand von vier bis sechs Wochen. Dann nach einem Jahr die dritte Impfung. In der Folge genügt eine Nachimpfung alle zwei Jahre.

Linke Seite:

Nur der Laie staunt, wie leicht sich Pferde in der Box verletzen können. Der Fachmann achtet darum z. B. auf einen nicht zu großen Abstand zwischen den Gitterstäben. Sie sollten nicht mehr als ca. 5,5 cm voneinander entfernt sein. Sie müssen so stabil sein, daß sich beim Gegenschlagen der Abstand nicht erheblich vergrößert. Immer wieder schlagen Pferde in der Nacht mit den Hinterbeinen zwischen die Stäbe und bleiben hängen. Ähnliches gilt für Boxentüren. Die Türen sollen möglichst tief bis zum Boden reichen. Beim Versuch freizukommen, kann das Pferd derartig heftige Abwehrbewegungen vollführen, daß es sich schwerste Verletzungen zuzieht.

Maßnahme IV: Direkt auf der Wunde sollte stets eine sterile Kompresse liegen, da es sonst zu Verklebungen zwischen Wunde und Wattepolster kommt. Eine feuchte, nässende Wunde kann durch Wundpuder getrocknet werden; das beeinflußt die Wundheilung günstig.

Polstern Sie auch kleine Wunden an den Beinen ausreichend. Etwa eine Woche lang sollten Sie täglich den Verband wechseln.

Merke: Wenn die Wunde nicht in die Tiefe geht, sondern nur einen Teil der Haut betrifft, kann eine Wunde an der Gliedmaße auch ohne Verband bleiben. Allerdings führen Wunden bei einigen Pferden stets zu großen Schwellungen. Hier ist immer ein Verband anzulegen. Pferde mit guter Wundheilung können in solchen Fällen ohne Verband bleiben.

Verhaltensstörungen

In diesem Kapitel werden einige Maßnahmen beschrieben, die bei Pferden mit Verhaltensstörungen hilfreich sein können. Denken Sie aber daran, daß alle »Untugenden« eine Ursache haben – und daß Sie das eigentliche Problem nicht lösen, wenn Sie nur an den Symptomen herumkurieren und die Ursache nicht abstellen. Wenn ein Pferd eine Verhaltensstörung hat, dann drückt es damit in der Regel psychisches und/oder physisches Leiden aus. Nehmen Sie solche Hilfeschreie Ihres Pferdes ernst und überlegen Sie, wie Sie seine Lebenssituation verbessern können – etwa durch mehr Auslauf zusammen mit anderen Pferden, durch ein abwechslungsreicheres Training oder eine Umstellung der Fütterung.

Verhaltensstörungen in Stichworten

Wirft das Pferd beim Reiten den *Kopf hoch,* dann kann manchmal ein Stoßzügel helfen. Lassen Sie außerdem von einem Fachmann überprüfen, ob das Kopfschlagen durch harte Zügelhilfen verursacht wurde.

Entzieht sich das Pferd durch *Maulaufsperren* den Zügelhilfen, dann verwenden Sie ein Kreuzhalfter. Bei diesem liegt der Nasenriemen höher als beim Hannoverschen Halfter. Auch bei eng verschnallten Riemen behindert das Kreuzhalfter die Luftzufuhr nicht.

Dieses Bild zeigt die Lage der Nasentrompete. Ein zu tief liegender Riemen engt das Gebiet ein. Das Pferd schnaubt ständig oder schlägt mit dem Kopf, um sich von diesem Riemen zu befreien.

Pullt Ihr Pferd, dann schnallen Sie ins Englische Reithalfter einen Pullerriemen ein.

Frißt Ihr Pferd übermäßig viel Stroh, dann legen Sie ihm einen ledernen Maulkorb auf. Der ist so gearbeitet, daß er dem Pferd langsames Fressen noch erlaubt.

Drückt Ihr Pferd den Menschen an die Wand, dann halten Sie zwischen sich und das Pferd kurzzeitig ein Brett mit vorstehenden Stiften. Es wird sich diese Unart schnell abgewöhnen. Bei unberechenbaren Pferden sichern Sie sich weiter ab, indem Sie das Brett an einen Strohballen binden, den Sie schützend vor Ihren Körper halten.

Pferde, die in der Box einen Hinterhuf auf den anderen stellen und sich dadurch *Kronverletzungen* zufügen, sollten einen Kronwulst tragen, wie er im Reitsportzubehör-Handel erhältlich ist. (s. Abb. unten)

Hat ein Pferd ständig *Kot in der Krippe* oder Tränke, dann befestigen Sie in Hüftgelenkhöhe des Pferdes, 30 cm von Krippe

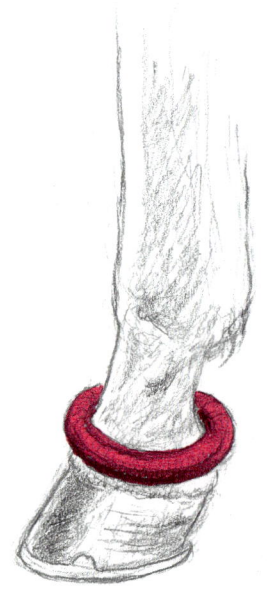

oder Tränke entfernt, einen Balken. Dadurch kann das Pferd mit seinem Hinterteil nicht mehr nah genug an Krippe oder Tränke heran, um hinein zu äpfeln.

Zerreißt ein Pferd ständig seine Decke, dann reiben Sie die Deckenränder mit Finalgon® ein.

Läßt sich ein Pferd auf der Weide *nicht einfangen,* kann man es mit einem Trassierband in eine Ecke treiben. Man kann auch das Gegenteil tun. Sie nutzen nicht den Fluchtinstinkt sondern die Neugierde: Gehen Sie in immer enger werdenden Spiralen auf das Pferd zu, ohne es anzusehen. Stochern Sie dabei mit dem Fuß im Boden herum.

Ein übernervöses Pferd wird ruhiger, wenn Autoreifen in den Auslauf gelegt werden. Es tritt dann vorsichtig zwischen die Reifen. Man kann nervösen Pferden Autoreifen auch in die Box legen. Das wirkt Wunder.

Es besteht allerdings die Gefahr, daß die Pferde mit den Hufeisen am Rand eines Reifens hängenbleiben. Bei beschlagenen Pferden sollte man die Reifen deshalb mit Zement o. ä. ausgießen, damit sie nicht mitgeschleift werden können.

Das nervöse Pferd, das ständig mit dem Kopf schlägt, kann sich selbst erziehen. Ein mit Kieselsteinen gefülltes Beutelchen wird am Halfter befestigt. Eine solche Maßnahme sollte von einer Änderung der Haltungsbedingungen begleitet werden: Täglicher Auslauf mit Artgenossen macht das Pferd ruhiger und ausgeglichener.

Koppen

Die Untugend Koppen kann man einem Pferd niemals abgewöhnen (Farbtafel Seite 184).

Ein Kopperriemen verhindert das Koppen, solange er richtig verschnallt ist.

Da Pferde sich diese Untugend gelegentlich voneinander abgucken können, muß man sie im weitesten Sinne als »ansteckend« bezeichnen.

Im Anfangsstadium der Krankheit setzen die Pferde auf, d. h. sie setzen die Oberkieferschneidezähne auf eine in Maulhöhe vorstehende Kante, um durch Anspannen der Halsmuskulatur hörbar Luft durch den Kehlkopf einzuziehen.

Schrägen Sie alle vorstehenden Kanten ab oder bestreichen Sie sie mit einer widerlich schmeckenden und riechenden Lösung, z. B. Finalgon®.

Stellen Sie die Krippe entweder auf den Boden oder hängen Sie diese an Stricken auf, die über ein paar an der Stalldecke befindliche Rollen laufen. An den Fadenenden müssen Gewichte angebracht werden, die die Krippe in Maulhöhe halten. Beim Aufsetzen weicht die Krippe jedoch nach unten weg.

Wichtig sind richtige Vorbeugemaßnahmen:

Maßnahme I: Entsprechen Sie dem natürlichen Nagetrieb Ihres Pferdes, indem Sie ihm leicht bewegliche, armdicke Äste in der Box aufhängen, damit das Pferd an der Rinde knabbern kann. Das Stallpferd braucht Beschäftigung!

Maßnahme II: Füttern Sie möglichst wenig süßschmeckendes Futter. Pferde neigen dazu, die süßen Futterreste an die Wände zu schmieren und sie dann stundenlang abzulecken. Dabei können sie sich das Koppen angewöhnen.

Maßnahme III: Verschaffen Sie Ihrem Pferd täglich mehrere Stunden aktive Beschäftigung: Reiten, Auslauf, Führgerät, Longieren usw.

Maßnahme IV: Stellen Sie Ihr Pferd nicht neben einen Kopper. Ihr Pferd könnte diese Unart abgucken.

Das Pferd zieht nicht

Gelingt es Ihnen selbst durch gefühlvollen Umgang mit dem Pferd nicht, es zum Wagenziehen zu veranlassen, dann sollten Sie mit mehreren Helfern die Zugstränge erfassen und das Pferd nach hinten ziehen. Bald wird es die Lust am Rückwärtsrichten verlieren und vorwärtsgehen.

Sollte diese Methode keinen Erfolg haben, versehen Sie die Box des Pferdes mit einer Zugvorrichtung: Um fressen zu können, muß es erst ziehen.

Das Pferd muß dazu in einen Ständer gestellt werden. Es wird vorne locker angebunden. Ein Sielengeschirr wird aufgelegt und die beiden Zugstränge werden einen bis zwei Meter hinter dem Pferd über einen Querbalken in 1,50 Meter Höhe gehängt. An beiden Zugsträngen wird ein schweres Gewicht befestigt, das vom Pferd beim Vorwärtsgehen angehoben werden muß.

Der Leinenfänger

Beim Wagenfahren gibt es kaum etwas Unangenehmeres als einen sogenannten Leinenfänger: Das Pferd wedelt so lange mit dem Schweif, bis es die Leine darunter festklemmen kann. Dadurch entzieht es sich den Leinenhilfen des Fahrers.

Zum Abgewöhnen befestigen Sie vorsichtig ein Rundholz unter dem Schweif. Sie verwenden dafür ein unterarmlanges, armdickes Stück Holz, das Sie quer unter dem Schweif mit zwei Bindfäden am Schweifriemen befestigen. Das Pferd wird dabei nicht vor einen Wagen gespannt, da es versuchen wird, das Holz durch Ausschlagen zu entfernen. Sowohl das Auskeilen als auch das Herunterpressen des Schweifs zum Leinenfangen erfordert viel Kraft. Bald verliert das Pferd die Lust an seinen Abwehrreaktionen. Jetzt kann man wieder einen normalen Schweifriemen benutzen. Im Allgemeinen hat man damit seinem Pferd das Leinenfangen abgewöhnt.

Das Scheuen des Pferdes

Pferde scheuen im allgemeinen dann, wenn sie unerwartete Dinge in ihrer Umgebung antreffen. Man sollte sie daher daran gewöhnen, in ihrer heimatlichen Umgebung auf fremde Gegenstände zu stoßen.

Mit seiner Box und deren Vorräumen z. B. ist das Pferd bestens vertraut. In dieser gut bekannten Umgebung verteilen wir nun Kartons und Plastiktüten. Wir nehmen nun das Pferd und führen es am langen Zügel oder an einem langen Halfterstrick in aller Ruhe und immer wieder an diesen fremden Dingen vorbei.

Diese Therapie wirkt Wunder.

Das Heraushängenlassen der Zunge

In manchen Fällen können Sie bei dieser Verhaltensstörung mit einer Haartrense vorübergehend Abhilfe schaffen. Um eine Haartrense herzustellen, knoten Sie – wie aus der Abbildung ersicht-

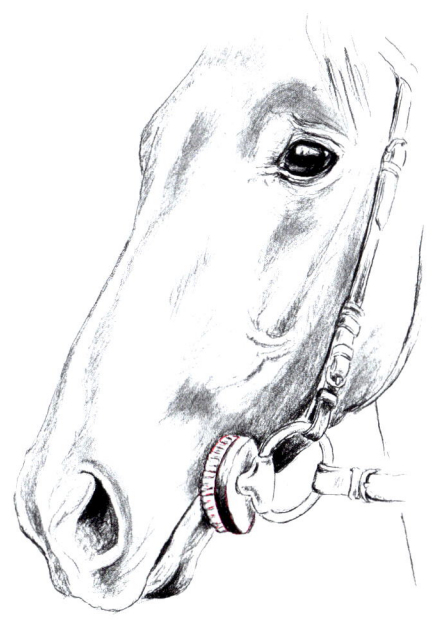

Es gibt Pferde, die dazu neigen, immer in eine bestimmte Richtung wegzudrängen. Eine feste Schuhbürste – an der Trense angebracht – kann vorübergehend Abhilfe schaffen. Zumindest verleiht sie den Zügelhilfen deutlichen Nachdruck. Allerdings darf diese Maßnahme nicht zu einer Dauereinrichtung werden. Das Pferd kann psychischen Schaden nehmen. Überprüfen Sie Ihre Zügelhilfen im Zusammenhang mit allen anderen reiterlichen Hilfen!

lich – Pferdehaare in die Mitte der Wassertrense fest ein. Eventuell müssen Sie den Knoten mit Klebstoff fixieren.

Die Haartrense kann gegen das Heraushängen der Zunge helfen. Allerdings sollte man dieses Hilfsmittel nur vorübergehend einsetzen, um die Ursache des Heraushängenlassens zu ermitteln. Auf Dauer muß im allgemeinen die Maultätigkeit durch richtige Zügelführung und ein anderes Gebiß gefördert werden.

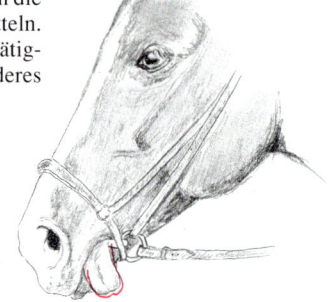

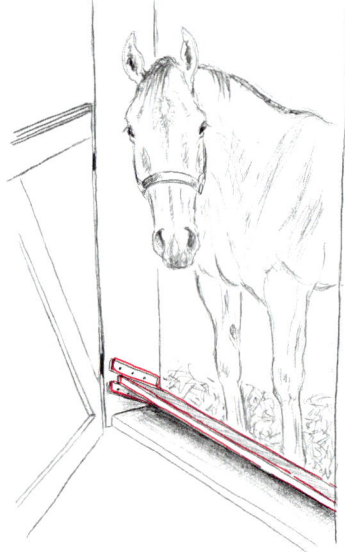

Der Neugierige: Viele Pferde steigen auf Vorsprünge und erhabene Stellen in der Box, um sich größer zu machen und aus höherer Sicht einen besseren Ausblick zu haben. Auf Dauer ziehen sie sich dadurch Schäden an den Beinen zu. Eine schräge Ebene verhindert das Hochklettern. Das in der Zeichnung dargestellte Brett wird herausgezogen, wenn das Pferd durch die Tür herausgeführt werden soll.

die Mitte der Wassertrense fest ein. Eventuell müssen Sie den Knoten mit Klebstoff fixieren.

Man sagt der Haartrense auch nach, daß sie das Durchgehen verhindern kann. Man sollte sich aber nicht darauf verlassen.

Schlagen gegen die Wand

Pferde die ständig gegen die Boxenwand schlagen, fügen sich oft Verletzungen zu. Um ihnen diese Unart abzugewöhnen, können

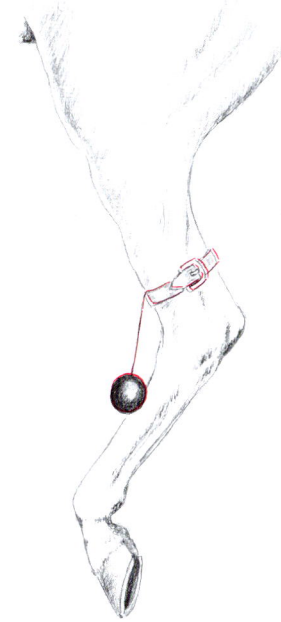

Wenn ein Pferd trotz artgerechter Haltung und genügend Auslauf gegen die Stallwand schlägt, empfiehlt sich als vorübergehender Erziehungsversuch der Einsatz einer Holzkugel.

Sie dem Pferd einen Lederriemen mit einer daran befindlichen Holzkugel um das Sprunggelenk legen. Bei jeder Bewegung des Hinterbeins pendelt die Holzkugel gegen die Haut. Dies tut weh. Das Pferd merkt sich den Schmerz und hört mit dem Schlagen auf.

Das Leinenweben oder Weben

Beim Weben treten die Pferde immer von einem Bein aufs andere. Durch dieses Hin- und Hertreten können Schäden an den Beinen entstehen.

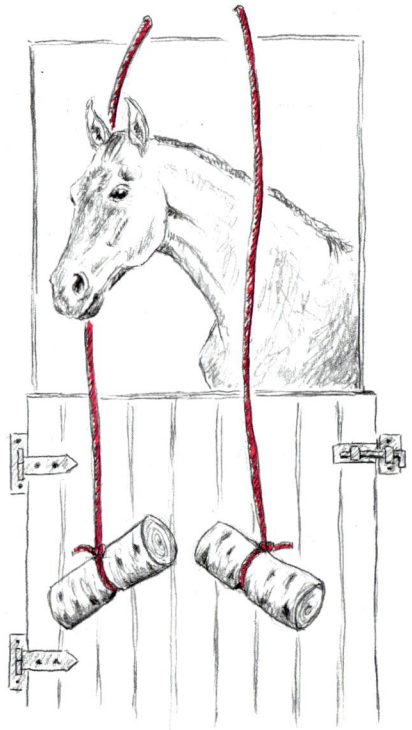

Lose, an Stricken aufgehängte Äste können bei Pferden, die trotz artgerechter Haltung weben, Wunder wirken.

Das beste Mittel gegen diese Verhaltensstörung ist eine artgerechte Haltung, verbunden mit viel Abwechslung. Webt Ihr Pferd trotzdem noch, so kann der kurzfristige Einsatz der folgenden Methoden Abhilfe schaffen:

Entweder binden Sie Ihr Pferd an mit einem Anbindestrick, der ein ordentliches Gewicht trägt (siehe unten),

oder Sie hängen ein Hindernis in die Box, um das es vorsichtig herumgehen muß, wie z. B. ein altes Fahrrad. Bei manchen Pferden genügt es, ein paar Autoreifen in die Box zu legen. Gebrauchte Autoreifen ohne Felgen kann man kostenlos bei jedem Reifenhändler holen (siehe aber Warnhinweis auf Seite 157!);

oder Sie hängen Hindernisse in die Boxenöffnung wie dargestellt.

Das Pferd läßt sich nicht anbinden

Zerrt ein angebundenes Pferd ständig am Halfter, können lebensbedrohliche Situationen entstehen. Mit der in der Zeichnung dargestellten, pädagogischen Methode können Sie Ihr Pferd zum ruhigen Stehen anregen.

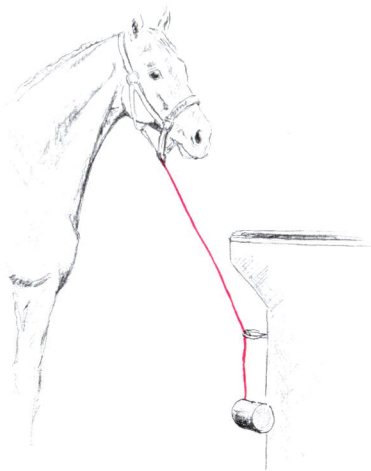

Der Strick, an dem das Gewicht befestigt ist, sollte so lang sein, daß das Pferd zwar ruhig stehen kann, ohne das Gewicht anzuheben, daß es aber bei jeder Seitwärtsbewegung des Kopfes das Gewicht hochziehen muß.

Beißen

Ein Pferd das beißt, drückt in der Regel psychisches Leiden aus. Wenn es trotz verständnisvoller Behandlung und artgerechter Haltung sein Verhalten nicht ändert, kann man im Ausnahmefall versuchen, ihm das Beißen abzugewöhnen, indem man ihm eine heiße Kartoffel hinhält. Wenn ein Pferd dazu neigt, Menschen in den Arm zu beißen, sollte man ein Kleidungsstück über die Kartoffel legen.

Schlagen mit der Hinterhand

Kann man sein Pferd nicht an der Hinterhand berühren, ohne daß es auskeilt, dann bedarf es pädagogischer Maßnahmen. Gehen Sie auf jeden Fall mit viel Geduld vor. Wenn Ihnen das Pferd bereits weitgehend vertraut, können Sie ihm die Hinterbeine mit einem Lederriemen zusammenbinden und dann mit einer Wolldecke das Berühren der Hinterhand üben. Das Pferd wird bald lernen, wie sinnlos es ist, nach der Decke zu schlagen.

Pferde, die oft nach hinten ausschlagen, sollten eine rote Schleife im Schweif tragen. Jeder Pferdekenner weiß nun: Nicht zu dicht an die Hinterhand herangehen, Pferd schlägt! Beim Ausreiten und bei Jagden ist die rote Schleife für einen Schläger ganz besonders wichtig!

Beim Führen eines Pferdes, das zum Schlagen neigt, darf man den Halfterstrick nicht zu lang fassen: Übermütige Pferde drehen sich oft blitzschnell um und keilen nach hinten aus.

Der Steiger

Ein Pferd kann nur dann steigen, wenn es den Kopf nach unten nimmt und die Vorwärtsbewegung verzögert. In »leichteren Fällen« kann der Reiter das Steigen im Ansatz unterbinden, wenn er das Pferd besonders kräftig nach vorne treibt und durch Zügelhilfen den Kopf hoch und den Hals möglichst gestreckt hält.

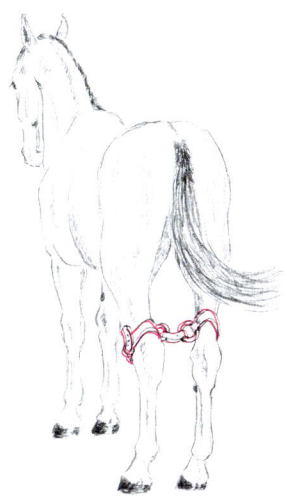

Pferden, die gezielt mit einem Hinterbein ausschlagen, kann man eine solche Schlagfessel anlegen, um sie dann gefahrlos mit der Berührung der Hinterhand vertraut zu machen.

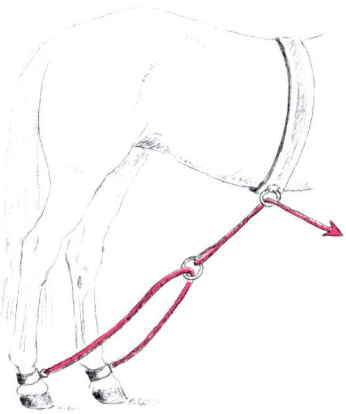

Bei Pferden, die gezielt mit beiden Hintergliedmaßen nach Menschen schlagen, kann man als vorübergehenden Erziehungsversuch eine solche Vorrichtung einsetzen. Der Strick wird vorne am Halfter befestigt. Das Pferd kann zwar in der Box herumtreten, aber niemals mit beiden Beinen gleichzeitig ausschlagen.

Dazu gibt es einen Hilfszügel, dessen Wirksamkeit jedoch umstritten ist. Der vordere Teil des Zügels – zwischen Trense und Widerrist – ist starr, er besteht aus einem mit Leder bezogenen Stahlrohr. Beim Reiten hat man den beweglichen Teil des Zügels in den Händen. Will das Pferd steigen, ergreift man den starren Zügelteil und schiebt das Pferdemaul nach vorne.

Pferde steigen häufig dann, wenn von ihnen etwas gefordert wird, was sie nicht tun wollen. Es kann dies eine Dressurlektion sein, es kann die Anforderung sein, eine bestimmte Richtung einzuschlagen, an einem unbekannten Gegenstand vorbeizugehen. Merken Sie sich die Situationen, die Ihr Pferd zum Steigen veranlaßt haben. Vermeiden Sie diese Situationen, oder gewöhnen Sie das Tier mit Geduld daran. Bei hartnäckigen Steigern sollten Sie einen erstklassigen Fachmann zu Rate ziehen.

Deckenbeißen

Diese spielerische Unart hat ihre Ursache meist in der mangelhaften Haltung des Pferdes.

Die Lederschürze am Halfter verhindert das Deckenbeißen.

Also: Verschaffen Sie Ihrem Pferd mehr Bewegung und Kontakt zu Artgenossen. Hängen Sie ihm ein Knabberholz in die Box.

Sollten diese Maßnahmen erfolglos sein, dann befestigen Sie am Halfter einen Deckenbeißerstock, oder eine lederne Beißplatte, eine sogenannte Lederschürze. Auch diese Hilfsmittel dürfen nur vorübergehend eingesetzt werden!

Futter verstreuen

Unterteilen Sie die Futterkrippe mit Eisenstangen in kleine Fächer oder legen Sie große Steine in die Krippe, zwischen denen sich das Pferd sein Futter mühsam heraussuchen muß.

Wälzen

Pferde, die sich in der Box übermäßig viel wälzen und dabei oft in den Ecken festliegen, können Sie durch einen besonderen Deckengurt daran hindern, sich beim Wälzen über den Rücken zu drehen:

Bei speziellen, im Reitsportzubehörhandel erhältlichen Deckengurten ist in Widerristhöhe ein hoher Stahlbügel eingearbeitet.

Das Trensengebiß hängt aus dem Maulwinkel

Als erstes sollten Sie überprüfen, ob das Gebiß in der Breite der Maulspalte angepaßt ist. Auch scharfe Kanten am Gebiß können das Pferd veranlassen, die Trense seitlich herauszuschieben. Wird beim Reiten das Gebiß seitlich aus dem Maul gezogen, dann bringen Sie Gebißgummischeiben zwischen Maulwinkel und Gebißring an.

Das Halfterabstreifen

Pferde, die sich mit großem Geschick das Halfter abstreifen, brauchen einen zusätzlichen Halfterhalsriemen, der dicht hinter dem Unterkieferknochen anliegt.

Der Schläger

Schlagen Pferde mit aufgesessenem Reiter gezielt nach Menschen und anderen Pferden aus, kann man dies kaum verhindern.
Nehmen Sie den Kopf des Pferdes hoch: Um ausschlagen zu können, müssen die Pferde den Kopf senken, sonst läßt sich die Rückenmuskulatur nicht richtig anspannen.

Eventuell reicht es, wenn Sie Ihr Pferd mit der Hinterhand gegen eine Wand oder einen Baum reiten, so daß es sich beim Auskeilen Schmerzen zuzieht.

Lesen Sie auch die vorangehenden Seiten.

Maulempfindlichkeit

Wenn Ihr Pferd im Maul sehr empfindlich ist, sollten Sie ein weiches Trensengebiß, eventuell eine Kunststoff- oder Gummitrense oder Gummikandare benutzen.
Gegebenenfalls können Sie auch ein starkes Holzgebiß mit dickerem Durchmesser und dadurch weniger scharfer Wirkung verwenden. Lassen Sie vom Tierarzt die Maulhöhle auf eventuelle Verletzungen untersuchen.

Nehmen Sie kein Maulgatter zum Öffnen des Pferdemauls.

Wird allzu oft die Maulhöhle mit Hilfe eines Metallmaulgatters untersucht, dann kann es zu Verletzungen an der Maulschleimhaut kommen.

Viele Tierärzte raspeln die Zähnen deshalb ohne eine Aufsperrhilfe.

Das Knabberbedürfnis

Das normale Pferd kaut 16 Stunden am Tag. Wenn Sie das Futter auf nur zwei Mahlzeiten verteilen sollten, dann müssen Sie für genügend Ballaststoffe (frisches Stroh) außerhalb der Mahlzeiten sorgen.

Ein Pferd muß den ganzen Tag über Gelegenheit haben, etwas zu fressen oder an irgend etwas herumzunagen. Man sollte dem Knabberbedürfnis des Pferdes nachkommen, um es derart auch daran zu hindern, daß es an Holzteilen der Box herumfrißt.

Geben Sie dem Pferd mehrmals wöchentlich ein Knabberholz in die Box, z.B. einen Ast aus Birke, Tanne, Fichte usw. Wenn die Rinde abgekaut ist, wird das Holz uninteressant. Außerdem sammeln sich Fäulnisstoffe aus Speichel und Pferdefutter an den rauhen Stellen des Holzes, das dadurch ungenießbar wird. Das abgenagte Holz eignet sich für den offenen Kamin im Wohnzimmer. Geben Sie jeden dritten Tag neues Holz in die Box. Das Pferd dankt es Ihnen mit Ausgeglichenheit, Arbeitsfreude und gesunden Zähnen.

Schwierigkeiten beim Auftrensen

Meistens fügen kleinere Leute dem Pferd beim Auftrensen mehr Unannehmlichkeiten zu als größere. Sie klemmen dem Pferd schnell mal ein Ohr ein oder berühren das Pferdeauge mit den Lederriemen der Trense. Schließlich nimmt das Pferd beim Auftrensen den Kopf hoch.

Abhilfe: Stellen Sie sich beim Auftrensen auf einen Schemel oder Strohballen – zumindest so lange, bis das Pferd die Unannehmlichkeiten vergessen hat.

Merke: Belohnen Sie das Pferd nach jeder Handlung, die zwar notwendig aber unangenehm für das Tier ist. Dazu kann auch das Auftrensen zählen. Geben Sie zur Belohnung Möhren, Leckerlis, klopfen Sie das Pferd oder sprechen Sie mit ihm. Es wird dies in seinem hervorragenden Erinnerungsvermögen speichern.

Kein Zucker zur Belohnung

Wenn es auch klug ist, seinem Pferd jedes unangenehme Geschehen durch eine Belohnung zu einem angenehmen Ereignis zu
machen, so empfiehlt sich doch das weitverbreitete Geben von
Zuckerstückchen nicht. Ein Stück altes Brot ist besser, denn
Zucker kann bei Pferden zu Unarten führen. Sie verteilen den
süßen Speichel an Boxenwänden o. ä. und lecken ihn dann stundenlang ab.

Mögliche Folgen: ständiges Lippenspiel, Koppen, Verweige-
rung von ungesüßtem Futter, Beißen, Holzknabbern, Wände
anknabbern usw.

Ausbrechen

Es gibt Pferde, die aus einer solide eingezäunten Weide mit
Holzzaun ausbrechen und sogar einen zusätzlichen Elektrozaun
im Trab durchbrechen. Die Zeichnung zeigt, wie man solchen
Ausbrechern beikommen kann.

Eine Autoantenne, am Halfter befestigt, sorgt dafür, daß jeder Elektrozaun
respektiert wird – auch wenn einmal der Strom ausfällt.

Haltung des Pferdes

Der Krankenstall

Darf das Pferd wegen einer Erkrankung über längere Zeit nicht gearbeitet werden, bedarf es einer besonderen Haltung, Fütterung und Pflege. Die Kraftfutterration sollte halbiert oder ganz gestrichen werden. Das Heu ist auf viele kleine Portionen am Tag zu verteilen. Geben Sie dem Pferd außerdem mehrmals täglich Möhren.

Die Decke der Krankenstation sollte möglichst hoch sein, damit die entstehenden Ausdünstungen aufsteigen können. Eine ganz besonders gute Luftzirkulation sollte gewährleistet sein. Lassen Sie eventuell die obere Türhälfte Tag und Nacht geöffnet.

Ist durch eine Krankheit die Standsicherheit des Pferdes vermindert, sollte eine Tiefeinstreu in der Box für eine federnde Bodenbeschaffenheit sorgen; streuen Sie Mist 20 cm bis 30 cm hoch ein, verwenden Sie kein Stroh.

Kann eine Gliedmaße wegen der Krankheit wochenlang nicht belastet werden, dann ist die andere Gliedmaße gefährdet: Es kann zu einer Hufbeinsenkung infolge einer Belastungsrehe und zu anderen Erkrankungen im Hufinneren kommen. Deshalb muß das Pferd besonders weich aufgestallt werden. Die Tiefeinstreu sollte aus mindestens 30 cm dickem, federndem Material bestehen. Verwenden Sie kein Stroh sondern Mist.

Erfahrungsgemäß wird dieser äußerst wichtigen Maßnahme zu wenig Bedeutung beigemessen. Schon manches Pferd hat sich schwere Schäden zugezogen, weil es sich bei einer relativ harmlosen Gliedmaßenerkrankung hingelegt hatte und beim Aufstehen auf der unzureichenden Einstreu ausgerutscht war.

Wenn die Box nicht tief eingestreut ist, sollte auch das gesunde Pferd auf einem rutschfesten Belag stehen. Der Harn muß jedoch leicht und schnell abfließen. Zweimal täglich sollten Sie feuchtes Material und Pferdemist aus der Box entfernen. Eine Matratze muß aber bleiben. Darauf bringen Sie dann frische Einstreu auf.

Gerade ein nicht ausreichend bewegtes Pferd sollte den ganzen

Tag Rauhfutter aufnehmen können. Wenig Stroh gleichmäßig auf schmutzigem Untergrund zu verteilen, reicht nicht. Stroh mit Kotgeruch wird vom Pferd nicht gefressen.

Sauberes Futterstroh muß in einer Raufe oder in einer Futterecke angeboten werden. Außerdem sollte man für ein Knabberholz sorgen.

Der Krankenstall sollte möglichst ruhig liegen, abseits vom Getümmel und von anderen Pferden. Das kranke Pferd sollte nicht mehrmals täglich zusehen müssen, wie andere Pferde aus ihren Boxen geholt, gepflegt und bewegt werden. Dadurch wird es unnötig aufgeregt und unruhig.

Leider erlebt man immer wieder, daß ein krankes Pferd weniger gepflegt wird als ein gesundes. Gerade umgekehrt ist es richtig. Besonders das kranke Pferd muß geputzt und gepflegt werden. Die Hufe sind auszukratzen und zu pflegen; alle sechs Wochen ist eine Hufkorrektur erforderlich. Durch grobe Haltungs- und Pflegefehler entwickelt sich nur allzu leicht aus einer einfachen eine schwere Krankheit.

Pferde mit einer ansteckenden Krankheit sollten in einer isolierten Box untergebracht werden.

Dabei sollte man darauf achten, daß kein Kontakt zu anderen Pferden möglich ist. Die Box sollte für alle Personen deutlich sichtbar gekennzeichnet sein, z. B. mit einem Schild, auf dem zu lesen ist:

> **Vorsicht!**
> **Ansteckungsgefahr!**
> **Druse!**
> **Nicht berühren!**

Gegebenenfalls sind gesondertes Putzzeug, Kittel, Gummistiefel usw., die nur für das kranke Pferd verwendet werden, bei dieser Box unterzubringen. Das Stallpersonal sollte dieses Pferd als letztes versorgen, um eine anschließende Ansteckung der anderen Pferde zu vermeiden.

Die beste Unterbringung für ein Pferd mit Husten oder Druse ist – falls die Witterung es zuläßt – der Auslauf (Farbtafel Seite 184).

Nicht nur der Krankenstall sollte richtig ausgerüstet sein: Gut isolierte Wände, damit das Pferd die Box »aufheizen« kann. Nur so kann eine Luftzirkulation durch die obere Türhälfte oder einen Abluftschacht gewährleistet sein. Die Tränke sollte nicht neben der Krippe angebracht sein, sondern auf der gegenüberliegenden Boxenseite, So kann das Pferd das Wasser nicht mit dem Futter verpanschen.

175

Elektrischer Strom

Pferde sind sehr stromempfindlich. Entfernen Sie deshalb alle elektrischen Leitungen, die angeknabbert werden können. Elektrische Leitungen in der Box oder in jenem Stallbereich, der den Pferden zugänglich ist, müssen unter Putz liegen. Angeknabberte oder aus anderen Gründen defekte Leitungen können auch Ursache für Stallbrände mit ihren verheerenden Folgen sein (s. Kapitel »Feuer im Stall«).

So gehen Sie vor, wenn Ihr Pferd einen elektrischen Schlag erhalten hat:

Maßnahme I: Schalten Sie die Hauptsicherung aus, bevor Sie das Pferd berühren, denn es könnte noch unter Strom stehen.

Maßnahme II: Sind noch Lebenszeichen vorhanden, dann machen Sie zehn Minuten lang eine Herz-Lungen-Massage: Springen Sie ca. zehnmal pro Minute mit den Knien auf den Brustkorb. Sorgen Sie für Ablösung.

Maßnahme III: Rufen Sie den Tierarzt.

Maßnahme IV: Ziehen Sie die Zunge des Pferdes seitlich aus dem Maul heraus, damit die Atemwege möglichst frei sind.

Freßunlust

Nimmt ein Pferd infolge einer schweren Erkrankung kaum noch Futter zu sich, dann sollten Sie der Sache dringend auf den Grund gehen. Frißt ein Pferd überhaupt kein Futter mehr – auch nicht einige Halme –, kann es zu einer lebensbedrohenden Darmverschlingung kommen. In solchen Fällen muß der Tierarzt mit der Nasenschlundsonde einen Futterbrei verabreichen.

Der Pferdehalter kann dies tun:

Maßnahme I: Säubern Sie vor jedem Füttern die Krippe. Entfernen Sie mit warmem Wasser auch Futterreste aus der Krippe.

Maßnahme II: Hängen Sie in der warmen Jahreszeit Fliegenfänger auf oder benutzen Sie ein anderes Insektenvertilgungsmittel. Besonders Fliegen übertragen Krankheitskeime und Bakterien, die das Futter zersetzen. Außerdem machen sie das Futter unappetitlich.

Maßnahme III: Bieten Sie dem Pferd mehrmals täglich kleine, saftige Futterportionen an, z. B. Möhren, zerschnittene Rüben usw. Verwenden Sie nur Heu hervorragender Qualität und reichen Sie es in Heunetzen, damit es keinen Geruch aus der Einstreu annimmt.

Maßnahme IV: Geben Sie keine Medikamente ins Futter.

Maßnahme V: Die Tränke muß gut funktionieren. Geben Sie keine Medikamente ins Trinkwasser.

Maßnahme VI: Kochen Sie kleine Mengen Mash: eine Handvoll Kleie, eine halbe Handvoll Leinsamen, zwei Hände voll Hafer. Lassen Sie das Ganze zwei Stunden lang abgedeckt stehen. Geben Sie eventuell etwas Salz und einen Löffel Zucker hinzu. Füttern Sie das Mash, solange es noch warm ist.

Maßnahme VII: Bieten Sie mehrmals täglich frisch gemähtes Gras in kleinen Mengen.

Maßnahme VIII: Mischen Sie zwischen Pellets und Hafer eine Handvoll Gras.

Maßnahme IX: Sind die oben genannten Maßnahmen erfolglos, dann müssen Sie das Futter wechseln. Verabreichen Sie rohe, durchgeschnittene Kartoffeln.

Maßnahme X: Messen Sie täglich zweimal Fieber. Ist die Temperatur erhöht, verständigen Sie sofort Ihren Tierarzt. Nur wenig erhöhte Temperaturen (38,5° C bis 39°C) sind oft gefährlicher als stark erhöhte (40°C und mehr).

Maßnahme XI: Verrenkt Ihr Pferd den Unterkiefer auf ungewöhnliche Art, sollte der Tierarzt zum Entfernen der Zahnhaken gerufen werden.

Maßnahme XII: Am Ende der Weidesaison können wandernde Magendasselfliegenlarven in der Zunge des Pferdes die Ursache der Freßunlust sein. Machen Sie eine Wurmkur mit Ivomec®.

Maßnahme XIII: Führen Sie viermal im Jahr bei älteren Pferden und sechsmal im Jahr bei Fohlen und Jährlingen eine Wurmkur durch. Würmer können während ihrer mehrmonatigen Wanderung durch die inneren Organe viele Schäden anrichten, die sich letztlich in Freßunlust zeigen.

Es gibt noch viele weitere Krankheiten, die sich in Freßunlust äußern. Sie sollten nicht zu lange damit warten, Ihren Tierarzt erneut zu informieren, wenn irgendein Behandlungsvorschlag von ihm nicht innerhalb von wenigen Tagen zum erwünschten Erfolg geführt hat. Er wird dann sicherlich zur weiteren Diagnosefindung Blutproben, Rektaluntersuchungen (Untersuchung vom Mastdarm aus) u. a. vornehmen.

Abmagern trotz Freßlust

Wenn ein Pferd immer dünner wird, obwohl es viel frißt und regelmäßige Wurmkuren bekommen hat, können Bandwürmer die Ursache sein. Mit den üblichen Wurmkuren lassen sich diese Innenparasiten nicht abtöten. Eine Kotuntersuchung bringt meistens auch kein eindeutiges Ergebnis, weil die Bandwurmeier nicht gleichmäßig im Kot ausgeschieden werden.

Die Diagnose kann eindeutig werden, wenn man im frischen Kot die fingernagelgroßen Bandwurmglieder (mit bloßem Auge erkennbar) findet. Wegen der speziellen Bandwurmkur fragen Sie Ihren Tierarzt. Die sicherste Methode ist das Eingeben über die Nasenschlundsonde. Eventuell wird Ihr Tierarzt die Wurmpaste Banminth® in dreifach erhöhter Dosis geben.

Warum frißt mein Pferd nicht?

Die häufigste Ursache für Futterverweigerung ist Fieber (die Normaltemperatur beträgt 37° C bis 38,2° C). Scheidet diese Ursache aus, dann sollten Sie an Zahnhaken denken. Das Pferd hat einen sich lange hinziehenden Zahnwechsel, der erst mit fünf Jahren abgeschlossen ist. Bis zu diesem Alter können Kauprobleme auftreten, die jeweils etwa eine Woche andauern.

Beim älteren Pferd erkennen Sie Kauschwierigkeiten daran, daß es aus Heu oder Stroh Röllchen formt, die aus dem Maul fallen und in der Krippe zu finden sind. Der Tierarzt kann im allgemeinen am stehenden Pferd diese Haken mit der Zahnraspel entfernen, ohne Zwangsmaßnahmen und Betäubungsspritze.

Vorbeugen ist jedoch wichtiger: Bieten Sie Ihrem Pferd hartes, die Mahlbewegungen förderndes Futter an. Ein Pferd kaut nicht nur durch Aufeinanderpressen der oberen und unteren Backenzähne, sondern auch durch mahlende Querbewegungen.

Vielfach unterbindet der Pferdehalter das natürliche Knabberbedürfnis, anstatt es zu fördern, indem er sämtliches Holz mit Holzschutzmitteln imprägniert. Hafer und Heu aber reichen zur notwendigen Abnutzung der Zähne nicht aus. Darum muß das Pferd knabbern.

Bieten Sie Ihrem Pferd ein Knabberholz an: Ideal und zugleich billig ist ein armdickes, einen Meter langes Stück Birkenholz. Knoten Sie ein ca. 50 cm langes Strohband um das Holz und befestigen Sie das Band auf Ohrhöhe des Pferdes in der Box. Das Holz hängt dann auf Maulhöhe. Tagelang wird das Pferd an diesem »Kaugummi« herumnagen. Da das Holz nicht fixiert ist und sich bewegen kann, wird das Pferd dadurch keine der gefürchteten Unarten wie Koppen oder Krippensetzen entwickeln. Denselben Zweck erfüllen Äste von Tannen, Kiefern und manchen Obstbäumen, die Sie auf den Boxenboden legen können. Hüten Sie sich vor Giftpflanzen! Nur der Fachmann kann die giftige Eibe von der ungiftigen Tanne unterscheiden.

Insektenstiche

Im allgemeinen sind nach Insektenstichen keine Erste-Hilfe-Maßnahmen erforderlich. Durch Insektenstiche kann es zu allergischen Reaktionen kommen, die sich unter anderem durch Quaddelbildung äußern.

Weitere Erscheinungen sind beim Pferd Juckreiz, Unruhe und kleine Blutungen in der Haut. Deshalb sollte man Pferden, die ausgiebigen Weidegang genießen, Mähne und Schweif nicht kürzen; sie sind eine Schutzeinrichtung gegen Insekten.

Massiver Kriebelmückenbefall im Frühjahr auf feuchten Weiden kann allerdings zu lebensbedrohenden Erscheinungen führen.

Vorbeuge: Ist bekannt, daß Pferde oder Rinder im Vorjahr auf bestimmten Weiden unter Kriebelmückenbefall gelitten haben, dann schicken Sie Ihre Pferde nicht zu früh auf diese Weiden. Warten Sie zumindest zwei Wochen nach Auftrieb der Rinder ab.

Erste Hilfe beim Pferd, das von Kriebelmücken befallen ist:

Maßnahme I: Sorgen Sie sofort für tierärztliche Hilfe.

Maßnahme II: Halten Sie mit Insektenspray oder durch Wedeln mit Ästen alle weiteren Mücken vom Pferd fern.

Maßnahme III: Kann der Tierarzt nicht schnell kommen, dann geben Sie dem Pferd einen Liter schwarzen Kaffee ein.

Vorsicht: Halten Sie den Kopf nicht zu hoch, damit sich das Pferd nicht verschluckt.

Kann das Pferd nicht mehr schlucken, dann nehmen Sie einen Einlauf mit zwei Litern Kaffee vor (s. Kapitel »Eingabe von Medikamenten«, Seite 118).

Normalerweise entsteht um einen Insektenstich eine fünfmarkstückgroße Schwellung, die bereits nach einem Tag wieder verschwunden ist. Handelt es sich jedoch um viele Stiche, dann sollten Sie das Pferd so behandeln:

Tragen Sie täglich zweimal Benadryllotion® oder ein anderes Antihistaminikum auf.

Merke: Stechende Insekten meiden meist dunkle Ställe. Sorgen Sie deshalb für einen Weideunterstand mit viel Schatten.

Insekten mögen keine Pferde, denen täglich Vitamin B in hohen Dosen verabreicht wird, wie es sich z. B. in Horse Supplets® oder Peptonic® findet. Manchmal hilft auch die Gabe von Obstessig: zwei Eßlöffel täglich. Dann scheint das Blut den Insekten nicht mehr zu schmecken. Hilft dies alles nicht, dann müssen Sie die Pferde während der entsprechenden Tageszeit hereinholen oder täglich mit einem insektenabweisenden Mittel einreiben. Manche Medikamente wirken tagelang, falls sie nicht durch Regen weggewaschen werden (Welcare Emulsion).

Merke: Kleinpferde nicht mit Kraftfutter mästen, weil fette Pferde besonders anfällig sind. Meist genügt Fütterung nur mit Heu oder Gras. Die eitrigen Entzündungen am Mähnenkamm, an Ohren, Hals, Widerrist, Rücken und Schweifansatz treten nur während der Sommerzeit auf, wenn bestimmte Insekten in die entzündete Mähnengegend stechen (Farbtafel Seite 184).

Zum Schutz gegen Insekten kann man ein Schwämmchen am Mähnenschopf einknoten; das Schwämmchen muß täglich getränkt werden mit einem Mittel, wie es im Reitsportzubehörhandel erhältlich ist. Die insektenabweisenden Duftstoffe des Präparates wirken so viel länger. Augen und Ohren des Pferdes sind frei von Insekten.

Zecken im Fell

Zecken spielen eine wichtige Rolle in der Übertragung von Viruserkrankungen. Sie befallen die Pferde während der Weidesaison besonders an feinhäutigen Körperstellen. Das führt zu Unruhe, Juckreiz und entzündlichen Hautveränderungen.

So entfernen Sie Zecken:

Maßnahme I: Tragen Sie einige Tropfen Öl oder Butter auf die Zecke auf.

Maßnahme II: Warten Sie vier Minuten. Dann entfernen Sie die Zecke durch vorsichtiges Drehen. Achten Sie darauf, daß der Kopf nicht stecken bleibt.

Maßnahme III: Wenn sich die Zecke samt Kopf nicht auf Anhieb herauslösen läßt, dann müssen Sie einen Tropfen Äther auftragen. Das betäubt die Zecke endgültig, während Butter oder Öl die Atemöffnungen mehr oder weniger fest verschließen.

(oben links):

Kronsaumentzündung: Dieses Pferd hat unbrauchbares Huffett nicht vertragen. Der Besitzer hat die Ursache erst nach zwei Monaten erkannt.
Merke: Für den Kronsaum nur hochwertiges Huffett mit Lorbeeröl verwenden. In billigem Huffett soll grüner Farbstoff oftmals das grüne Lorbeeröl vortäuschen.

(oben rechts):

Mauke in der Fesselbeuge

(Mitte links):

Hautekzem durch Lederpflegemittel: Immer mehr Pferde werden gegen Chemikalien allergisch. Versuchen Sie, so wenig Kunststoff und Chemie ans Pferd zu bringen wie irgend möglich.

(Mitte rechts):

Sonnenbrand tritt bei hellen Füchsen an den weißen Stellen des Kopfes auf. Das einfache Auftragen von Lebertran oder Althosolöl hilft schnell.

(unten):

Hautpilze beginnen meist als stecknadelgroße Knötchen, die dann zu kleinen, kreisrunden, offenen Stellen werden. Der Tierarzt wird Imaverol® oder Mycophyt® verordnen.

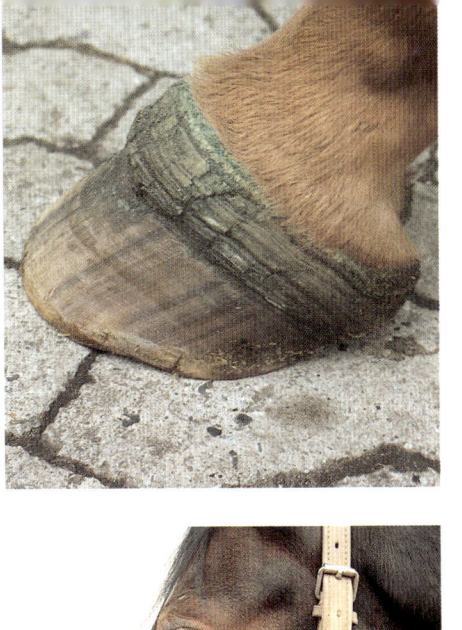
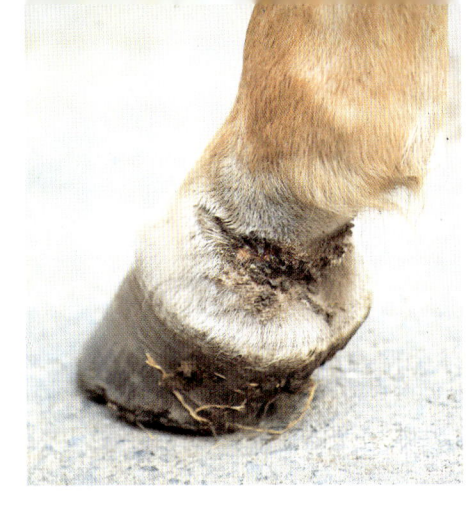

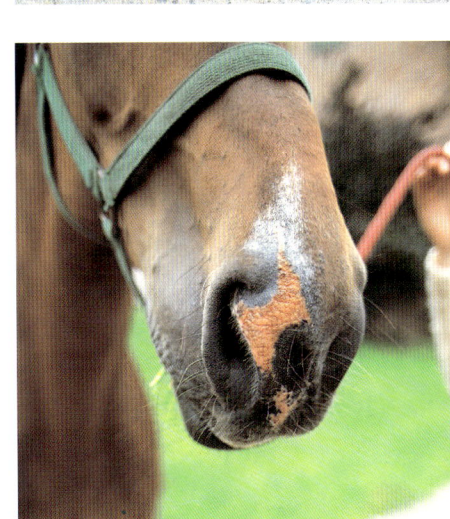
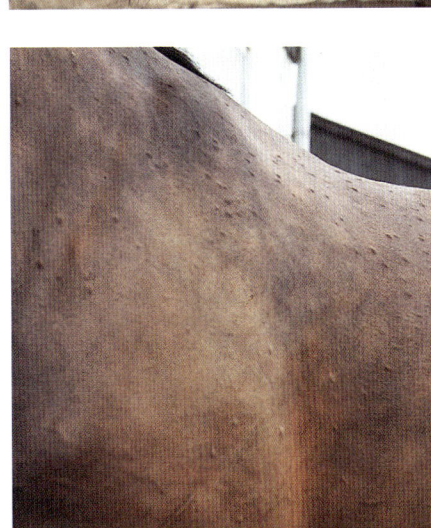
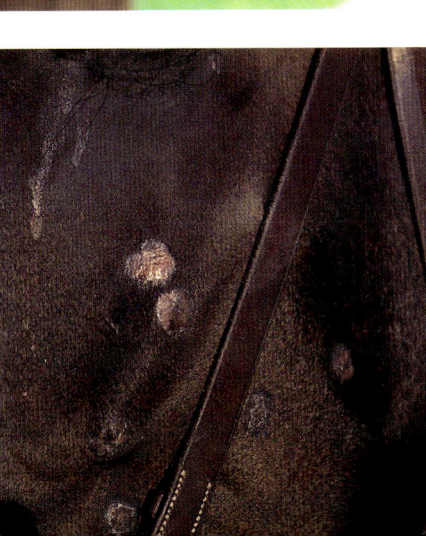

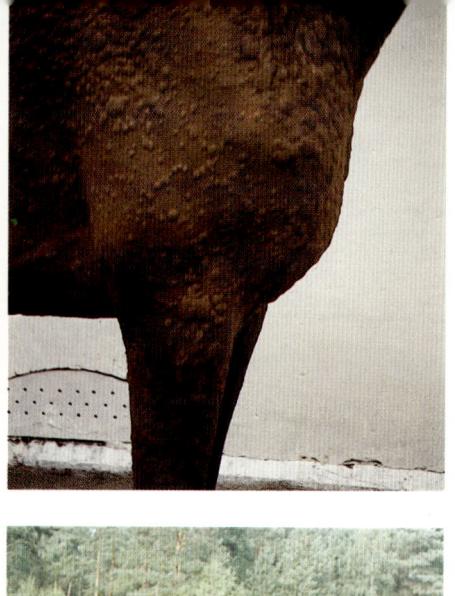

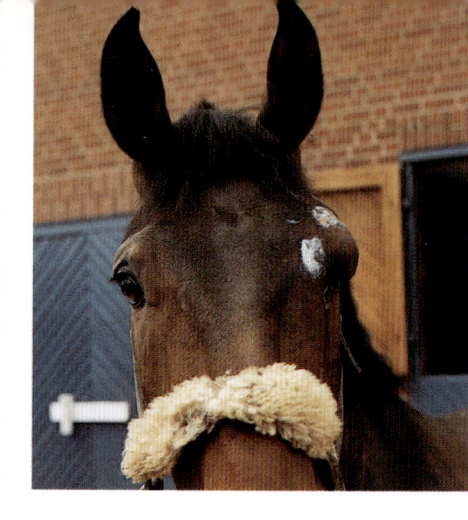

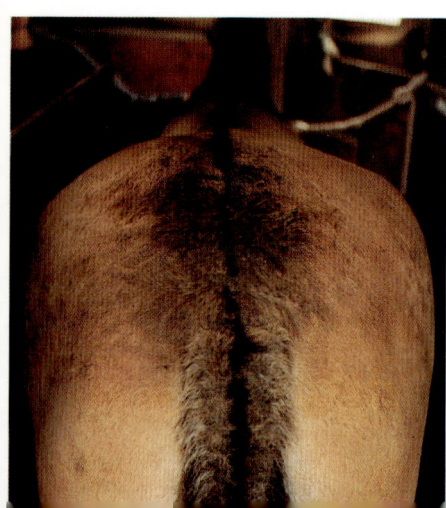

(oben links):

Quaddeln sind ein Alarmsignal, wenn sie nicht innerhalb kurzer Zeit verschwinden.

(oben rechts):

Schwellungen in der Augengegend können durch Anschlagen gegen einen festen
Gegenstand entstehen.

(Mitte links):

Koppen ist ein Hauptmangel. Das müssen Sie beim Pferdekauf beachten! So sieht
es aus, wenn ein Pferd koppt: Es setzt die Oberkieferschneidezähne auf eine
Kante auf und zieht dann hörbar Luft in den Kehlkopf ein. Dabei spannt sich die
Unterhalsmuskulatur.

(Mitte rechts):

Umweltschutz in der Pferdekoppel – im Winterauslauf. Damit die Pferde den
Bäumen nicht durch Anknabbern lebensgefährliche Schäden zufügen, kann man
Maschendraht anbringen oder einfach Pferdekot auftragen.

(unten):

Das Sommerekzem kommt vor allem bei leichtfuttrigen Kleinpferderassen vor.

Stichwörterverzeichnis

189

Setzen Sie auf´s richtige Pferd!

CAVALLO ist die neue Zeitschrift, über die alle reden.

CAVALLO bietet jedem, der reitet oder der ein Pferd hat, wertvolle Tips. Und beschreibt in der Praxis, wie Sie Ihr Pferd artgerecht aufziehen, gesund füttern, richtig behandeln und intelligent trainieren.

Und ganz nebenbei: Wie Sie besser reiten lernen. Kein Wunder, daß CAVALLO diesen Bombenerfolg hat!

CAVALLO kostet übrigens nur 6,50 DM. Testen Sie das Heft doch mal! Wir schicken Ihnen gern ein kostenloses Exemplar zum Schnuppern und Kennenlernen. Postkarte bzw. Fax schicken. Oder einfach anrufen.
CAVALLO, Scholten Verlag, Postfach 103743, D-70032 Stuttgart, Tel. (0711) 210 80 78, Fax 23 6 0 415

CAVALLO kostenlos!